POESÍA

217

LAS RENEGADAS
Antología

Gabriela Mistral

Selección y prólogo de Lina Meruane

LUMEN

Primera edición: marzo de 2019
Tercera reimpresión: enero de 2024

© 2018, Gabriela Mistral
Selección y prólogo de Lina Meruane
© 2018, Penguin Random House Grupo Editorial, S. A.
Merced 280, piso 6. Santiago de Chile
© 2019, Penguin Random House Grupo Editorial, S. A. U.
Travessera de Gràcia, 47-49. 08021 Barcelona

Printed in Spain – Impreso en España

ISBN: 978-84-264-0610-1
Depósito legal: B-476-2019

Compuesto en M. I. Maquetación, S. L.
Impreso en Prodigitalk, S. L.

H 4 0 6 1 0 C

UNA EN MÍ MATÉ

Lina Meruane

A Eliana Ortega,
maestra mistraliana

Era *otra* la Mistral que me mostró la maestra que acababa de retornar a Chile. Eran *otros* los versos que puso en mis manos, encubiertos, en fotocopias, versos que sacudirían para siempre mi limitada noción acerca de lo que creaba y creía Gabriela Mistral. En esos años sombríos la quinceañera que yo fui sólo había encontrado los ruegos y las rondas lastimeras de la maestrita rural, los sonetos de la enamorada en duelo por el novio suicida, los versos que pedían un hijo que no llegaría a parir. Los poemas de la devota. Los de la mujer privada. Eso era lo que ofrecían los manuales de castellano en la dictadura, pero ante mis ojos había ahora una poesía insurrecta que parecía escrita por *otra*.

Ardió en mi cuerpo de aspirante a poeta el rigor de su palabra arcaica y andariega, castellana y árida, indígena, absoluta, infinita. En mi lectura se encendieron las voces de tantas mujeres que hablaban por la Mistral, mujeres que, como ella, se habían apartado del recorrido que les señalaba su tiempo. Mujeres que, siguiendo el oscuro mandato de la poeta —«Una en mí maté [...]. ¡Vosotras también matadla!»—, habían aniquilado a la que en ellas era sumisa y sedentaria. Aquellas mujeres que desafiaban el orden sonaban, a finales del siglo XX, tan extrañas como lo habían sido cuando la Mistral las tildó de «locas» en su libro *Lagar*, de 1954; todavía eran una vanguardia de renegadas asomándose a otros reinos de posibilidad.

Ya son tres las décadas transcurridas desde que mi canosa maestra me presentó a su desafiante Mistral, y si vuelvo ahora a su obra poética —la publicada en vida y la póstuma, la encontrada después en las cajas y carpetas de su archivo— es para rescatar esa voz, para escuchar todas juntas a esas mujeres que aparecen desperdigadas en sus libros: las soñadoras, las desaforadas, las errantes y las intrépidas, las fervorosas, las estériles, las quejosas, las que esperan y se celan y abandonan, las desveladas y desoladas, las nostálgicas, las incapaces de olvidar a la madre y a las maestras difuntas. Un coro en el desvarío de lo íntimo.

No era posible que esas mujeres enfrentadas a un orden restrictivo no desvariaran y renegaran en la misma medida en que se alzaban: también quise recuperar en esta antología a esas *otras* que, como Mistral, se abren decidido paso por la geografía de la patria, desde el árido desierto nortino, donde la autora nació en 1899, hasta el lluvioso sur de Chile donde ejerció de profesora, y desde ese sur andino a los cambiantes paisajes de las Américas donde la Mistral urdió «recados» y otras prosas pedagógicas y políticas. Esas desdobladas hablantes se internan por Europa apuntando la guerra y a sus mujeres y alcanzan los Estados Unidos, país en que la Mistral escribió su obra tardía y anticipó su muerte en «un país sin nombre».

El destierro de Mistral, voluntario, definitivo, no canceló la añoranza de la patria que expresa por escrito. Ese «volver no» y ese siempre estar volviendo en la letra atraviesa su obra completa. Los ecos de su nostalgia por el paisaje cordillerano y el mar, los pájaros y la fruta y los árboles, el pan, las casas vacías que merecen un desprecio retrospectivo de la viajante. La certeza de que, pese a haberse ido y regresado, en el último de sus libros, como un fantasma desenraizado, su tierra la reconoce: «Y aunque me digan el mote / de ausente y de renegada / me las tuve y me las tengo / todavía, todavía, / y me sigue su mirada».

Porque la patria mistraliana no conoce fronteras: es una tierra desnuda, abierta, sin blindaje, es un paisaje feminizado que se resta a las hazañas heroicas de la historia de una nación militarizada. Estos poemas orales que se mueven por el territorio se niegan a celebrar el relato oficial que no le ha dado espacio a esos otros y otras que lo habitan, sean o no criollos, sean o no blancos, sean o no humanos. En los poemas ya póstumos la voz sobrevuela el territorio de la patria sin conquistarlo ni explotarlo ni transformarlo. Lo admira y se lo enseña al niño indio o atacameño que la llama madre y al huemul que a veces es ciervo y también la acompaña. La poesía dialogante de la Mistral reniega del poder del territorio, entabla una relación fluida con la tierra y nos deja como legado la posibilidad de acabar con los viejos modelos de sociedad. Es su modo de enseñarnos a mirarlo y pensarlo todo de otro modo, otra vez.

I
EXTRAVÍOS ÍNTIMOS

LA OTRA

Una en mí maté:
yo no la amaba.

Era la flor llameando
del cactus de montaña;
era aridez y fuego;
nunca se refrescaba.

Piedra y cielo tenía
a pies y a espaldas
y no bajaba nunca
a buscar «ojos de agua».

Donde hacía su siesta,
las hierbas se enroscaban
de aliento de su boca
y brasa de su cara.

En rápidas resinas
se endurecía su habla,
por no caer en linda
presa soltada.

Doblarse no sabía
la planta de montaña,
y al costado de ella,
yo me doblaba.

La dejé que muriese,
robándole mi entraña.
Se acabó como el águila
que no es alimentada.

Sosegó el aletazo,
se dobló, lacia,
y me cayó a la mano
su pavesa acabada.

Por ella todavía
me gimen sus hermanas,
y las gredas de fuego
al pasar me desgarran.

Cruzando yo les digo:
—Buscad por las quebradas
y haced con las arcillas
otra águila abrasada.

Si no podéis, entonces
¡ay! olvidadla.
¡Yo la maté. Vosotras
también matadla!

MUCHACHAS SIN REINO

NOSOTRAS

De montañas descendimos
o salimos de unas islas,
con olor de pastos bravos
o profundas y salinas,
y pasamos las ciudades
hijas de una marejada
o del viento o las encinas.
En el Cristo bautizadas
o en Mahoma de la Libia
pero en vano maceradas
por copal y por la mirra.

La que en pastos de pastores
se llamaba Rosalía
y la nuestra del gran río
que mentábamos Delmira
y las otras que vendrán
por las aguas de la vida.

El olor de los lagares
en las sienes nos destila
o la carne en los pinares
desvaría en las resinas,
y nacimos y morimos
pánicas e irredimidas.

Nacemos en tierra varia,
en el sol o la neblina,
tú en ternuras de Galicia
y en el trópico Altamira
y como cien lanzaderas
que en el mismo telar pican,
a veces no nos hallamos
aunque seamos las mismas.

Somos viejas, somos mozas
y hablamos hablas latinas
o tártaras o espartanas
con frenesí o con agonía
y los dioses nos hicieron
dispersas y reunidas.

La canción de silbo agudo
calofría la campiña
o parece ritmo seco
de hierros en roca viva,
pero es siempre la mixtura
de Medea o de Canidia
y Eva tiene muerto a Abel
y a Caín en las pupilas.

En los cielos sanguinarios
de praderas o avenidas
unas veces todas vamos
a país de maravilla
o venimos como Níobes
y con la vieja cara mísera.

Las más fuertes son amargas
y las más dulces transidas,
las más duras son Déboras
y las más tiernas Rosalías
y así erguidas o cegadas
todas una sangre misma
se nos rasga el secreto
de las sin razón venidas.

TODAS ÍBAMOS A SER REINAS

Todas íbamos a ser reinas,
de cuatro reinos sobre el mar:
Rosalía con Efigenia
y Lucila con Soledad.

En el Valle de Elqui, ceñido
de cien montañas o de más,
que como ofrendas o tributos
arden en rojo y azafrán.

Lo decíamos embriagadas,
y lo tuvimos por verdad,
que seríamos todas reinas
y llegaríamos al mar.

Con las trenzas de los siete años,
y batas claras de percal,
persiguiendo tordos huidos
en la sombra del higueral.

De los cuatro reinos, decíamos,
indudables como el Korán,
que por grandes y por cabales
alcanzarían hasta el mar.

Cuatro esposos desposarían,
por el tiempo de desposar,
y eran reyes y cantadores
como David, rey de Judá.

Y de ser grandes nuestros reinos,
ellos tendrían, sin faltar,
mares verdes, mares de algas,
y el ave loca del faisán.

Y de tener todos los frutos,
árbol de leche, árbol del pan,
el guayacán no cortaríamos
ni morderíamos metal.

Todas íbamos a ser reinas,
y de verídico reinar;
pero ninguna ha sido reina
ni en Arauco ni en Copán.

Rosalía besó marino
ya desposado con el mar,
y al besador, en las Guaitecas,
se lo comió la tempestad.

Soledad crió siete hermanos
y su sangre dejó en su pan,
y sus ojos quedaron negros
de no haber visto nunca el mar.

En las viñas de Montegrande,
con su puro seno candeal,
mece los hijos de otras reinas
y los suyos no mecerá.

Efigenia cruzó extranjero
en las rutas, y sin hablar,
le siguió, sin saberle nombre,
porque el hombre parece el mar.

Y Lucila, que hablaba a río,
a montaña y cañaveral,
en las lunas de la locura
recibió reino de verdad.

En las nubes contó diez hijos
y en los salares su reinar,
en los ríos ha visto esposos
y su manto en la tempestad.

Pero en el Valle de Elqui, donde
son cien montañas o son más,
cantan las otras que vinieron
y las que vienen cantarán:

«En la tierra seremos reinas,
y de verídico reinar,
y siendo grandes nuestros reinos,
llegaremos todas al mar».

MARÍAS II

Mis Marías no hacían sueños
como de hojas de mandrágora
y cuando sueños se tenían
no soñaban aparejadas.

Las cuatro van languideciendo
desde la voz a la mirada
y son medusas de la arena
o salamandras desangradas.

María Reina no las mira
y solo comprende que no cantan.
Las va llamando de sus nombres
y se va yendo por la landa.

A la orilla del mar del Norte
en las costas de la Bretaña
y con las barcas aperadas
para María de las Francias.

En un cerco de mujeres
o una rueda de campana,
conversan cinco que tenían
un solo nombre para fábula:

María Benton brazos blancos,
María Fleming como garza,
María Livingston alerta,
María Leton arrobada.

Las siervas miran hacia el Norte
y alcanzan olas muy amargas.
Sobre el océano partidos
zodíacos de las algas.

Cuatro Marías, cuatro nardos,
tantas y todas insensatas.
No caen lienzos por el aire
y el relámpago no es el hacha.

Las cuatro buscan sus canciones
y el cielo es toda la balada
y en un caer como dormido
de una muerta gaviota parda.

El viento pasa por los cáñamos
que son la tundra de Bretaña
y el viento heroico de la altura
manda gaviota fulminada.

María Reina por la duna
como que corre cercenada.
El horizonte que la huía
coge de lejos su garganta,
la taja y taja de su raza.

Corren y corren las Marías
hasta que llegan a las barcas
y van entrando como pinos
con palmera decapitada.

Una peina a María Reina,
otra la peina alucinada,
otra le sueña los augurios,
la otra enséñale las danzas.

Cantan ahora las partidas
como en las noches de la Francia
las baladas que dan las cunas
desde la Escocia a la Finlandia.

Cuatro memorias no se acuerdan
y son memorias azoradas;
o se les sumen las nodrizas
o se rebanan sus infancias.

Dicen que pasa un viento duro
de ráfaga asalmuerada
y que del cielo cae y cae
un rollo abierto de mortaja.

Cuatro Marías, cuatro nardos,
tantas y todas insensatas,
no caen lienzos por el aire
y el viento lame nuestras barcas.

María Benton mienta isla,
la otra nómbralas amargas,
María Livingston ve el cielo
que endurece la nube parda,
y la última, lo que baja.

Sobre la Isla de San Luis
no se eran cielos de alimañas
y no caía a los adioses
un lienzo en alas de mortaja.

Marías, mágicas Marías,
cuando dormían no soñaban
o soñaban su propio sueño,
y ahora sueñan aparejadas.

Las cuatro van envejeciendo
desde la voz a la mirada
y son medusas de la arena
o cuatro lacias salamandras.

Caen y caen a sus ojos
y a sus mejillas cae el ansia
y no le cae seña o signo
a la María Coronada.

MARTA Y MARÍA

Al doctor Cruz Coke

Nacieron juntas, vivían juntas,
comían juntas Marta y María.
Cerraban las mismas puertas,
al mismo aljibe bebían,
el mismo soto las miraba,
y la misma luz las vestía.

Sonaban las lozas de Marta,
borbolleaban sus marmitas.
El gallinero hervía en tórtolas,
en gallos rojos y ave-frías,
y, saliendo y entrando, Marta
en plumazones se perdía.

Rasgaba el aire, gobernaba
alimentos y lencerías,
el lagar y las colmenas
y el minuto, la hora y el día.

Y a ella todo le voceaba
a grito herido por donde iba:
vajillas, puertas, cerrojos,
como a la oveja con esquila;
y a la otra se le callaban,
hilado llanto y Ave-Marías.

Mientras que en ángulos encalado,
sin alzar mano, aunque tejía,
María, en azul mayólica,
algo en el aire quieto hacía:
¿Qué era aquello que no se acababa,
ni era mudado ni le cundía?

Y un mediodía ojidorado,
cuando es que Marta rehacía
a diez manos la vieja Judea,
sin voz ni gesto pasó María.

Sólo se hizo más dejada,
sólo embebió sus mejillas,
y se quedó en santo y seña
de su espalda, en la cal fría,
un helecho tembloroso
una lenta estalactita,
y no más que un gran silencio
que rayo ni grito rompían.

Cuando Marta envejeció,
sosegaron horno y cocina;
la casa ganó su sueño,
quedó la escalera supina,
y en adormeciendo Marta,
y pasando de roja a salina,
fue a sentarse acurrucada
en el ángulo de María,
donde con pasmo y silencio
apenas su boca movía.

Hacia María pedía ir
y hacia ella se iba, se iba,
diciendo: «¡María!», sólo eso,
y volviendo a decir: «¡María!».
Y con tanto fervor llamaba
que, sin saberlo ella partía,
soltando la hebra del hábito
que su pecho no defendía.
Ya iba los aires subiendo,
ya «no era» y no lo sabía.

LA CABELLUDA

Y vimos madurar violenta
a la vestida, a la tapada
y vestida de cabellera.
Y la amamos y la seguimos
y por amada se la cuenta.

A la niña cabelluda
la volaban toda entera
sus madejas desatentadas
como el pasto de las praderas.

Pena de ojos asombrados,
pena de boca y risa abierta.
Por cabellos de bocanada,
de altos mástiles y de banderas.
Rostro ni voz ni edad tenía
sólo pulsos de llama violenta,
ardiendo recta o rastreando
como la zarza calenturienta.

En el abrazo nos miraba
y nos paraba de la sorpresa
el corazón. Cruzando el llano
a más viento más se crecía
la tentación de sofocar
o de abajar tamaña hoguera.

Y si ocurría que pararse
de repente en las sementeras,
se volvía no sé qué Arcángel
reverberando de su fuego.

Más confusión, absurdo y grito
verla dormida en donde fuera.
El largo fuego liso y quieto

no era retama ni era centella.
¿Qué sería ese río ardiendo
y bajo el fuego, qué hacía ella?

Detrás de su totoral
o carrizal, viva y burlesca,
existía sin mirarnos
como quien burla y quien husmea
sabiendo todo de nosotros,
pero sin darnos respuesta...

Mata de pastos nunca vista,
cómo la hacía sorda y ciega.
No recordamos, no le vimos
frente, ni espaldas, ni hombreras,
ni vestidos estrenados,
sólo las manos desesperadas
que ahuyentaban sus cabellos
partiéndose como mimbrera.
Una sola cosa de viva
y la misma cosa de muerta.

Galanes la cortejaban
por acercársele y tenerla
un momento separando
mano terca y llama en greñas,
y se dejaba sin dejarse,
verídica y embustera.

Al comer no se la veía
ni al tejer sus lanas sueltas.

Sus cóleras y sus gozos
se le quedaban tras esas rejas.
Era un cerrado capullo denso,
almendra apenas entreabierta.

Se quemaron unos trigales
en donde hacía la siesta;
y a los pinos chamuscaba
con sólo pasarles cerca.

Se le quemaron día a día
carne, huesos, y linfas frescas,
todo caía a sus pies,
pero no su cabellera.

Quisieron ponerla abajo,
apagarla con la tierra.
En una caja de cristales
pusimos su rojo cometa.

Esas dulces quemaduras
que nos pintan como a cebras.
La calentura del estío,
lo dorado de nuestros ojos
o lo rojo de nuestra lengua.

Son los aniversarios
de los velorios y las fiestas,
de la niña entera y ardiente
que sigue ardiendo bajo la tierra.

Cuando ya nos acostemos
a su izquierda o a su diestra,
tal vez será arder siempre
brillar como red abierta,
y por ella no tener frío
aunque se muera nuestro planeta.

LA TULLIDA

Lucía ya no abre nunca
las mitades de su puerta
ni sus escaleras baja
en cascada de aguas sueltas.

Del reino que ella tenía
ya no habla ni se acuerda;
o, acordándose, ha quedado
entrabada como las hiedras.

Será tan otra así tendida,
así callada, así secreta
de la venada salta-jarales
y la gaviota grito de fiesta.

Estará blanca del no ver
todas las cosas que son violentas
de no cruzar otoños rojos,
ni enderezar jarros de greda.

Se irá olvidando si no se alza,
del cogollo de su cabeza,
de sus hombros como laureles
y su alzada de madre-cierva.

Igual que el agua de la mano
se le irá yendo nuestra tierra
laderas lentas, serranías,
y el clamor de la tormenta.

No sabrá ahora los solsticios
ni el antojo de las estrellas
cuándo Géminis, dónde el Boyero
dónde los fuegos de Casiopea.

Será otra vez reciénnacida
cuando baje las escaleras
y volveremos a ser sus ojos
y sus madrinas cuéntale y cuéntale.

Sus vendimias no vendimiadas
las avenidas, la gran riada seca,
las islas nuevas del viejo río,
la herida calva de la selva.

—Yo, su brocal donde bebía.
—Yo, su patio con una ceiba.
—Yo, piedra laja de sus resurtidas.
—Yo, el resplandor de la azotea.

—Y la que el bulto medía
y atrapaba su cabellera.
Yo, la nuez vana que la guardé
plegada vaina de su puerta.

CANCIÓN DE LAS MUCHACHAS MUERTAS

Recuerdo de mi sobrina Graciela

¿Y las pobres muchachas muertas,
escamoteadas en abril,
las que asomáronse y hundiéronse
como en las olas el delfín?

¿Adónde fueron y se hallan,
encuclilladas por reír,
agazapadas esperando
voz de un amante que seguir?

¿Borrándose como dibujos
que Dios no quiso reteñir
o anegadas poquito a poco
como en sus fuentes un jardín?

A veces quieren en las aguas
ir componiendo su perfil,
y en las carnudas rosas-rosas
casi consiguen sonreír.

En los pastales acomodan
su talle y bulto de ceñir
y casi logran que una nube
les preste cuerpo por ardid;

Casi se juntan las deshechas;
casi llegan al sol feliz;
casi rompen la nuez del suelo
y van llegándose hasta mí;

Casi deshacen su traición
y caminan hacia el redil.
¡Y casi vemos en la tarde
el divino millón venir!

MUJERES ERRANTES

LA DICHOSA

A Paulina Brook

Nos tenemos por la gracia
de haberlo dejado todo;
ahora vivimos libres
del tiempo de ojos celosos;
y a la luz le parecemos
algodón del mismo copo.

El Universo trocamos
por un muro y un coloquio.
País tuvimos y gentes
y unos pesados tesoros,
y todo lo dio el amor
loco y ebrio de despojo.

Quiso el amor soledades
como el lobo silencioso.
Se vino a cavar su casa
en el valle más angosto
y la huella le seguimos
sin demandarle retorno.

Para ser cabal y justa
como es en la copa el sorbo,
y no robarle el instante,
y no malgastarle el soplo,
me perdí en la casa tuya
como la espada en el forro.

Nos sobran todas las cosas
que teníamos por gozos:
los labrantíos, las costas,
las anchas dunas de hinojos.
El asombro del amor
acabó con los asombros.

Nuestra dicha se parece
al panal que cela su oro;
pesa en el pecho la miel
de su peso capitoso,
y ligera voy, o grave,
y me sé y me desconozco.

Ya ni recuerdo cómo era
cuando viví con los otros.
Quemé toda mi memoria
como hogar menesteroso.
Los tejados de mi aldea
si vuelvo, no los conozco,
y el hermano de mis leches
no me conoce tampoco.

Y no quiero que me hallen
donde me escondí de todos;
antes hallen en el hielo
el rastro huido del oso.
El muro es negro de tiempo
el liquen del umbral, sordo,
y se cansa quien nos llame
por el nombre de nosotros.

Atravesaré de muerta
el patio de hongos morosos.
Él me cargará en sus brazos
en chopo talado y mondo.
Yo miraré todavía
el remate de sus hombros.
La aldea que no me vio
me verá cruzar sin rostro,
y sólo me tendrá el polvo
volador, que no es esposo.

LA CONTADORA

Cuando camino se levantan
todas las cosas de la Tierra,
y se paran y cuchichean
y es su historia lo que cuentan

Y las gentes que caminan,
en la ruta me la dejan
y la recojo de caída
en capullos que son de huellas.

Historias corren mi cuerpo
o en mi regazo ronronean.
Zumban, hierven y abejean.
Sin llamada se me vienen
y contadas tampoco me dejan.

Las que bajan por los árboles
se trenzan y se destrenzan,
y me tejen y me envuelven
hasta que el mar las ahuyenta.
Pero el mar que cuenta siempre,
más rendida, nos deja.

Los que están mascando bosque
y los que rompen la piedra,
al dormirse quieren historias.

Mujeres que buscan hijos
perdidos que no regresan
y las que se creen vivas
y no saben que están muertas,
cada noche piden historias
y yo me rindo cuenta que cuenta.

A medio camino quedo
entre ríos que no me sueltan,
y el corro se va cerrando
y me atrapan en la rueda.

Al pulgar van llegando las de animales
al índice las de mis muertos.
Las de niños, de ser tantas,
en las palmas me hormiguean.

Los marineros alocados
que las piden, ya no navegan,
y las que cuentan se las digo
delante de la mar abierta.

Tuve una que iba en vuelo
de albatroses y tijeretas.
Se oía el viento, se lamía
la sal del mar contenta.
La olvidé de tierra adentro
como el pez que no alimentan.

¿En dónde estará una historia
que volando en gaviota ebria
cayó a mis faldas un día
y de tan blanca me dejó ciega?

Otra mujer cuenta lejos
historia que salva y libera,
tal vez la tiene, tal vez la trae
hasta mi puerta antes que muera.

Cuando tomaba así mis brazos
el que yo tuve, todas ellas
en regato de sangre corrían
mis brazos una noche entera.

Ahora yo, vuelta al Oriente,
se las voy dando por que recuerde.

Los viejos las quieren mentidas,
los niños las piden ciertas.
Todos quieren oír la historia mía
que en mi lengua viva está muerta.
Busco alguna que la recuerde,
hoja por hoja, hebra por hebra.
Le presto mi aliento, le doy mi marcha
por si al oírla me la despierta.

LA QUE CAMINA

Aquel mismo arenal, ella camina
siempre hasta cuando ya duermen los otros;
y aunque para dormir caiga por tierra
ese mismo arenal sueña y camina.
La misma ruta, la que lleva al Este
es la que toma aunque la llama el Norte,
y aunque la luz del sol le da diez rutas
y se las sabe, camina la Única.
Al pie del mismo espino se detiene
y con el ademán mismo lo toma
y lo sujeta porque es su destino.

La misma arruga de la tierra ardiente
la conduce, la abrasa y la obedece
y cuando cae de soles rendida
la vuelve a alzar para seguir con ella.
Sea que ella la viva o que la muera
en el ciego arenal que todo pierde,
de cuanto tuvo dado por la suerte
esa sola palabra ha recogido
y de ella vive y de la misma muere.

Igual palabra, igual, es la que dice
y es todo lo que tuvo y lo que lleva
y por su sola sílaba de fuego
ella puede vivir hasta que quiera.
Otras palabras aprender no quiso
y la que lleva es su propio sustento
a más sola que va más la repite
pero no se la entienden sus caminos.

¿Cómo, si es tan pequeña la alimenta?
¿Y cómo si es tan breve la sostiene
y cómo si es la misma no la rinde
y adónde va con ella hasta la muerte?

No le den soledad por que la mude,
ni palabra le den, que no responde.
Ninguna más le dieron, en naciendo,
y como es su gemela no la deja.

¿Por qué la madre no le dio sino ésta?
¿Y por qué cuando queda silenciosa
muda no está, que sigue balbuceándola?
Se va quedando sola como un árbol
o como arroyo de nadie sabido
así marchando entre un fin y un comienzo
y como sin edad o como en sueño.
Aquellos que la amaron no la encuentran,
el que la vio la cuenta por fábula
y su lengua olvidó todos los nombres
y sólo en su oración dice el del Único.

Yo que la cuento ignoro su camino
y su semblante de soles quemado,
no sé si la sombrean pino o cedro
ni en qué lengua ella mienta a los extraños.

Tanto quiso olvidar que ya ha olvidado.
Tanto quiso mudar que ya no es ella,
tantos bosques y ríos se ha cruzado
que al mar la llevan ya para perderla,
y cuando me la pienso, yo la tengo,
y le voy sin descanso recitando
la letanía de todos los nombres
que me aprendí, como ella vagabunda;
pero el ángel oscuro nunca, nunca,
quiso que yo la cruce en los senderos.

Y tanto se la ignoran los caminos
que suelo comprender, con largo llanto,
que ya duerme del sueño fabuloso,
mar sin traición y monte sin repecho,
ni dicha ni dolor, nomás olvido.

LA CALCINADA

Tú no te vayas si viniste,
tú no te acuerdes de tu patria
ni de tu madre. Si llegaste
a país mío de llanada,
no reconozcas más los valles,
yo así lo mismo renegara.
Olvida río de otro sabor
y de otro cauce y mimbrerada.
Patria y mujer eran palabras,
gentes y oficios eran fábulas.

Tú no te vayas, aunque te acuerdes,
mejor si nunca recordaras,
quema las cosas que te duran,
por nombre tuyo acarreadas,
los amigos y las amantes,
y viga y puerta de tu casa,
quémalos todos como zarzas
y las quemas en tu mudez
o bien las quemas abjuradas.

Como no fueron nunca la dicha,
dice y repite que eran la nada.
Desde el loco día del gozo,
quemé cuantas no fueron dadas,
quemé costumbre, rompí gestos
de mocedades y de infancias.
A cada vez que tú me miras
de mis raíces rebanadas,
me oigo y siento la morera
que se llena otra vez de ramas.

Yo vivo aquí, yo soy mujer.
La tierra no es para mí marcha
si yo no puedo irme contigo

a tu lado como el fantasma;
quédate aquí, toma mi llano,
toma mi lengua, toma mi casa
y olvida toda tierra nombrada.

O no podré dormirme nunca
y seré como la corneja
y como el agua desvelada,
celando noche, celando día
y con mis ojos como las lanzas.

La tierra tiene montes y cuestas.
La tierra no es como sabana.
Te escondería como un árbol,
con una bestia o lumbrarada.

Yo soy pequeña para alcanzarme.
Me borro como tu bocanada.
Me pierdo antes de que te pierdas
enjugada antes que tu lágrima.
A tus espaldas yo me quedo
de fuego mío calcinada.
Hay ahora solo una cosa
maldita antes de la garganta
que no se nombra o que se dice
como víbora estrangulada,
cosa bendita, cosa maldita,
ruta que llaman de la Francia.

LA DANZADORA

Está bailando a la orilla
del mar, doblando pastos
de praderas que no vemos.
Sin ropas baila y sin carne,
toda luz, teniendo y dando.

Está negando a la piedra,
al árbol, a las moradas,
a cuanto es duro, y sufre, y muere,
a los cuerpos de los dormidos,
a los esclavos y los muertos.

Baila sin su nacimiento
y sin su vida y su tragedia.
Y no nos ve y no nos sabe,
liberada de la tierra
y de nosotros
por un aire que a turnos
es de albatros y gaviota.

Y ahora ya no es ni el viento
ni la pasión, que es la Tierra
volando segura y ciega,
liberada de toda cosa,
cogiendo y dejando su ruta,
y queremos que nos lleve,
que no se suelte de nosotros,
eternos como ella misma,
desatados, liberados,
idos con ella, sin regreso,
solo siguiéndola y siguiéndola.

LA TRASCORDADA

La mañana cuando empinaba
cometas en la colina,
en pasando el viento Este
él la tomó en su bajada
y ella se dejó llevar
como el manojo de la neblina.

Ceñida de él, amante de él,
llena de ímpetu y de vistas,
pasó aldeas y labrantíos,
montañas y serranías,
a ratos ciega de su ímpetu,
rota y ebria de su alegría.

Con la boca del viento junta
a su oreja y de él ceñida,
el viento le hablaba la lengua
del Este, de noche y de día,
y ella, aturdida pero amante,
pasando cielos la aprendía.

Cuando pasó, cuando bajó
a la tierra labrantía,
por llevada, por aupada,
apenas andar sabía
y tuvo que aprender a andar
como la recién nacida.

Con palabras del viento Este
pidió lecho, pan y ambrosía,
rezó con palabras de él,
dijo gozos, dijo agonías,
y olvidó como los muertos
patria, hermanos, huerta y masía.

Cuando era otro su rostro,
otra su marcha y su risa,
en un repecho de olivares
el viento Oeste la halló dormida,
y se llevó arrebatado,
como el vilano, como la brizna,
su cuerpo que bien se sabía.

En sus lienzos y sus pliegues
de azul y azul enceguecida,
volaba sin tierra y bautismo,
entera y rota, ajena, íntegra,
tomando y soltando países
desnuda o envuelta en neblinas

Hasta que el duro viento Este
amainó como vela herida,
y cayó y murió en roquedales,
soltándola blanca y supina,
y a patria extraña caminó,
medio Sara, medio Antígona.

Como niño que balbucea
al nombrar caras, caricias
ella pidió y recibió
merced de espacio y yacija.
Y la ciñeron sin amarla,
comieron su sangre y su dicha.

Vivió con peñas y con árboles,
con pájaros y aguas vivas,
y subió al cerro más alto
para gritar y ser oída,
y el viento Norte vino por ella
como por alma en agonía.

Atravesando albas y ocasos,
la mejilla en la mejilla,
le cantaba el viento Norte
silbo y canción desconocidas,
y sin entenderle la «saga»
ella no más lo amaba y lo oía.

En donde el Norte todo lo deja
ímpetu, sal, destino, vida,
él la soltó, él la dejó
como el que en tierra pone a su hija,
y ella otra vez abrió los ojos
para aprenderse casta y dicha.

De dónde la amamantaron,
de dónde ella fue mecida
de sus cielos y de sus patrias
la trascordada no sabía,
viento Este y viento Oeste
su memoria le robarían.

Entre los pinos y la marea
envejecía, envejecía
y en la mañana de morir,
llanto y memoria que en ella iban
soltarían juntos su presa
que su boca rompió a cantar
patria y canciones perdidas,
y sin respiro y sin relajo,
cantó llorando, recta y fija,
niñez de cactus y montañas,
en lengua de nadie sabida,
y en el canto y en el despeño
del llanto se iba, se iba,
y por el canto se despeñaba
en albatros y en flecha india.

VARIOS DESVARÍOS

LA TROCADA

Así no fue como me amaron
y camino como en la infancia
y ando ahora desatentada.
Serían aquellos metales
donde el amor tuvo peana.
Serían los duros líquenes,
el descampado, la venteada,
o los pardos alimentos
—piñón, y cardo y avellana—
si me amaban como se odia
y al Amor mismo avergonzaban.

El montañés miró mi rostro
como la ruta con celada.
Para su amor fui la lobezna
por peñascales rastreada.
A los engendros de la noche
se fiaban más que a mi alma,
veía el duende de la niebla,
los espejos de la avalancha,
y nunca oyó mi canto ardiendo
sobre su puerta con escarcha...

En el país de la gaviota
del aire suyo voy llevada
y le pregunto al que me lleva
por qué, en bajando, fui trocada,
y me creen sobre las dunas
y en salinas yo he sido salva.

Y camino como la niña,
aprendiendo tierra mudada,
clara patria color de leche,
lento olivar, lindas aguadas,

oyendo pido cantos no sabidos,
teniendo hermanas iguanas
y ¡con extrañeza, con asombro,
y azoro de resucitada!

LA FERVOROSA

En todos los lugares he encendido
con mi brazo y mi aliento el viejo fuego;
en toda tierra me vieron velando
el faisán que cayó desde los cielos,
y tengo ciencia de hacer la nidada
de las brasas juntando sus polluelos.

Dulce es callando en tendido rescoldo,
tierno cuando en pajuelas lo comienzo.
Malicias sé para soplar sus chispas
hasta que él sube en alocados miembros.
Costó, sin viento, prenderlo, atizarlo:
era o el humo o el chisporroteo;
pero ya sube en cerrada columna
recta, viva, leal y en gran silencio.

No hay gacela que salte los torrentes
y el carrascal como mi loco ciervo;
en redes, peces de oro no brincaron
con rojez de cardumen tan violento.
He cantado y bailado en torno suyo
con reyes, versolaris y cabreros,
y cuando en sus pavesas él moría
yo le supe arrojar mi propio cuerpo.

Cruzarían los hombres con antorchas
mi aldea, cuando fue mi nacimiento
o mi madre se iría por las cuestas
encendiendo las matas por el cuello.
Espino, algarrobillo y zarza negra,
sobre mi único Valle están ardiendo,
soltando sus torcidas salamandras,
aventando fragancias cerro a cerro.

Mi vieja antorcha, mi jadeada antorcha
va despertando majadas y oteros;
a nadie ciega y va dejando atrás
la noche abierta a rasgones bermejos.
La gracia pido de matarla antes
de que ella mate el Arcángel que llevo.

(Yo no sé si lo llevo o si él me lleva;
pero sé que me llamo su alimento,
y me sé que le sirvo y no le falto
y no lo doy a los titiriteros.)

Corro, echando a la hoguera cuanto es mío.
Porque todo lo di, ya nada llevo,
y caigo yo, pero él no me agoniza
y sé que hasta sin brazos lo sostengo.
O me lo salva alguno de los míos,
hostigando a la noche y su esperpento,
hasta el último hondón, para quemarla
en su cogollo más alto y señero.

Traje la llama desde la otra orilla,
de donde vine y adonde me vuelvo.
Allá nadie la atiza y ella crece
y va volando en albatros bermejo.
He de volver a mi hornaza dejando
caer en su regazo el santo préstamo.

¡Padre, madre y hermana adelantados,
y mi Dios vivo que guarda a mis muertos:
corriendo voy por la canal abierta
de vuestra santa maratón de fuego!

LA PRESA

Miro su cara por los barrotes
y veo su frente rayada
y también ella me cuenta
ocho rayas en la cara.
Su mirada me da hierro
y cae hierro de su habla.

¿Cómo serás sin barrote,
cómo serás tú sentada,
tejiendo lana, comiendo uvas
o con unos niños sobre la falda?

Cuando a la luz salgas libre,
y yo mi puerta te abra,
llegarás entera, hermana,
me mirarás con tu rostro,
me bailarás con tus plantas.
Y entonces veré tu edad,
oiré tu culpa, sabré tu Patria.

LA MUJER ESTÉRIL

La mujer que no mece un hijo en el regazo,
cuyo calor y aroma alcance a sus entrañas,
tiene una laxitud de mundo entre los brazos;
todo su corazón congoja inmensa baña.

El lirio le recuerda unas sienes de infante;
el Ángelus le pide otra boca con ruego;
e interroga la fuente de seno de diamante
por qué su labio quiebra el cristal en sosiego.

Y al contemplar sus ojos se acuerda de la azada;
piensa que en los de un hijo no mirará extasiada,
cuando los suyos vacíen, los follajes de octubre.

Con doble temblor oye el viento en los cipreses.
¡Y una mendiga grávida, cuyo seno florece
cual la parva de enero, de vergüenza la cubre!

POEMA DEL HIJO

A Alfonsina Storni

I

¡Un hijo, un hijo, un hijo! Yo quise un hijo tuyo
y mío, allá en los días del éxtasis ardiente,
en los que hasta mis huesos temblaron de tu arrullo
y un ancho resplandor creció sobre mi frente.

Decía: ¡un hijo!, como el árbol conmovido
de primavera alarga sus yemas hacia el cielo.
¡Un hijo con los ojos de Cristo engrandecidos,
la frente de estupor y los labios de anhelo!

Sus brazos en guirnalda a mi cuello trenzados;
el río de mi vida bajando a él, fecundo,
y mis entrañas como perfume derramado
ungiendo con su marcha las colinas del mundo.

Al cruzar una madre grávida, la miramos
con los labios convulsos y los ojos de ruego,
cuando en las multitudes con nuestro amor pasamos.
¡Y un niño de ojos dulces nos dejó como ciegos!

En las noches, insomne de dicha y de visiones,
la lujuria de fuego no descendió a mi lecho.
Para el que nacería vestido de canciones
yo extendía mi brazo, yo ahuecaba mi pecho.

El sol no parecíame, para bañarlo, intenso;
mirándome, yo odié, por toscas, mis rodillas;
mi corazón, confuso, temblaba al don inmenso;
¡y un llanto de humildad regaba mis mejillas!

55

Y no temí a la muerte, disgregadora impura;
los ojos de él libraran los tuyos de la nada,
y a la mañana espléndida o a la luz insegura
yo hubiera caminado bajo de esa mirada.

II

Ahora tengo treinta años, y mis sienes jaspea
la ceniza precoz de la muerte. En mis días,
como la lluvia eterna de los polos, gotea
la amargura con lágrima lenta, salobre y fría.

Mientras arde la llama del pino, sosegada,
mirando a mis entrañas pienso qué hubiera sido
un hijo mío, infante con mi boca cansada,
mi amargo corazón y mi voz de vencido.

Y con tu corazón, el fruto de veneno,
y tus labios que hubieran otra vez renegado.
Cuarenta lunas él no durmiera en mi seno,
que sólo por ser tuyo me hubiese abandonado.

Y en qué huertas en flor, junto a qué aguas corrientes
lavara, en primavera, su sangre de mi pena,
si fui triste en las landas y en las tierras clementes,
y en toda tarde mística hablaría en sus venas.

Y el horror de que un día con la boca quemante
de rencor, me dijera lo que dije a mi padre:
«¿Por qué ha sido fecunda tu carne sollozante
y se henchieron de néctar los pechos de mi madre?».

Siendo el amargo goce de que duermas abajo
en tu lecho de tierra, y un hijo no meciera
mi mano, por dormir yo también sin trabajos
y sin remordimientos, bajo una zarza fiera.

Porque yo no cerrara los párpados, y loca
escuchase a través de la muerte, y me hincara,
deshechas las rodillas, retorcida la boca,
si lo viera pasar con mi fiebre en su cara.

Y la tregua de Dios a mí no descendiera:
en la carne inocente me hirieran los malvados,
y por la eternidad mis venas exprimieran
sobre mis hijos de ojos y de frente extasiados.

¡Bendito pecho mío en que a mis gentes hundo
y bendito mi vientre en que mi raza muere!
¡La cara de mi madre ya no irá por el mundo
ni su voz sobre el viento, trocada en *miserere*!

La selva hecha cenizas retoñará cien veces
y caerá cien veces, bajo el hacha, madura.
Caeré para no alzarme en el mes de las mieses;
conmigo entran los míos *a la noche que dura.*

Y como si pagara la deuda de una raza,
taladran los dolores mi pecho cual colmena.
Vivo una vida entera en cada hora que pasa;
como el río hacia el mar, van amargas mis venas.

Mis pobres muertos miran el sol y los ponientes,
con un ansia tremenda, porque ya en mí se ciegan.
Se me cansan los labios de las preces fervientes
que antes que yo enmudezca por mi canción entregan.

No sembré por mi troje, no enseñé para hacerme
un brazo con amor para la hora postrera,
cuando mi cuello roto no pueda sostenerme
y mi mano tantee la sábana ligera.

Apacenté los hijos ajenos, colmé el troje
con los trigos divinos, y sólo de Ti espero,
¡Padre Nuestro que estás en los cielos! recoge
mi cabeza mendiga, si en esta noche muero.

INÚTILES ESPERAS

LA ENCLAVADA

Ahora ya no me levanto
de peana de tu tierra
y me quedo en tu patio redondo
como los haces de tu leña
y las bestias de tu granja.

Ya no tendrás para hallarme
que vadear ríos y pasar sierras.
Amor mío, ya no te dejo
en la llanura cenicienta
para hallarme consumida
como retama calenturienta.

No quiero más la división
parecida a la blasfemia.
Me duelen tu cuerpo y el mío
igual que laderas opuestas.

Ya no haces más caminos
como los vientos y las bestias.
Ya padecí la doble patria,
el doble lecho, la doble cena.

En tu patria me quedo plantada
con gesto y raíces de higuera.
Siento los muros de tu casa.
Y me duermo sobre tu estera.

La desventura no se llamaba
hambre, cansancio ni lacería.
El dolor de toda carne
se llama ausencia.

Voy a aprenderme de tu país
la luz, el olor, la marea,

el ruedo de las estaciones
y el alimento que te sustenta,
y olor y quiebro de tus ropas,
y los días y las fiestas.

Olvidaré la que me dieron
en demente que no se acuerda
y tú olvidarás el día
en que a tu puerta llegué extranjera.

Ya no me voy con este día
ni con esta primavera,
no me verás las espaldas
huyendo como las velas.
El dolor de toda carne
se llama ausencia.

Me quedo en tu patio traída
como los baldes o las piedras.
Del país donde yo vivía
corté mi cuerpo, raí mis señas.

Tú me verás reverberar
con la espada del mediodía,
azulear con las montañas
y pasar sin pasar con tu río,
y durarte y durarte con tu alma.

LA SOLITARIA

Cuando anda lejos y queda sola
como fue antes de su encuentro,
qué cubo tan duro y tan frío
se vuelve la casa que tengo.

Su blandura de golpe se empala
como la leche puesta al viento;
hacen dormidas lo que hacen
mis manos sin entendimiento,
porque solo devano y devano
su camino con ojos abiertos.

Aunque él su mar nunca atraviese,
para mí siempre viene de lejos,
de países de puna y fiebre
llegándome como devuelto.
Y las tierras que él se camina
yo recelo con todo mi pecho
de islas, de sierras y de los puertos.

No hay mentira que se parezca
a mi pobre casa sin dueño.
Se parece a la mondadura
de una naranja que yo enderezo
y a las ropas abandonadas
que esponjadas se fingen cuerpo.

Maté mi sueño hace tres noches.
Día no quiero, noche no quiero
porque mientras se va y vuelve
vivo otra cosa que vida y muerte.

No he tocado los alimentos.
Cuando entre, yo sentiré
la fatiga, el hambre, el sueño.

Me dormiré cuando lo vea
y reconozca vivo todo su cuerpo.

Que busque siempre mi pan,
el pan nuestro yo no lo entiendo.
Nuestros años están heridos
de tantas muertes que no cuento.
No quiero que vuelva a irse,
no más partidas, no más regresos.
Para nuestro amor herido,
sorbo es el año, pobre es el tiempo
porque tarde nos encontramos
como perdidos o como ciegos,
y en este alto de posada
los brazos ya tocan el término.

Si ahora llega, todo lo sepa
por mis pulsos calenturientos,
por la pobre voz parada
como después de un gran aliento
y por mis manos que recorren
sin creer todavía, tu cuerpo
y ningún otro adiós yo diga
que el que diga al quebrarse mi tiempo.

LA HUELLA

Del hombre fugitivo
sólo tengo la huella,
el peso de su cuerpo,
y el viento que lo lleva.
Ni señales ni nombre,
ni el país ni la aldea;
solamente la concha
húmeda de su huella;
solamente esta sílaba
que recogió la arena
¡y la Tierra-Verónica
que me lo balbucea!

Solamente la angustia
que apura su carrera;
los pulsos que lo rompen,
el soplo que jadea,
el sudor que lo luce,
la encía con dentera,
¡y el viento seco y duro
que el lomo le golpea!

Y el espinal que salta,
la marisma que vuela,
la mata que lo esconde,
y el sol que lo confiesa,
la duna que lo ayuda,
la otra que lo entrega,
¡y el pino que lo tumba
y el Dios que lo endereza!

Y su hija, la sangre,
que tras él lo vocea:
la huella, Dios mío,
la pintada huella:

el grito sin boca,
¡la huella, la huella!

Su señal la coman
las santas arenas.
Su huella tápenla
los perros de niebla.
Le tome de un salto
la noche que llega
su marca de hombre
dulce y tremenda.

Yo veo, yo cuento
las dos mil huellas.
¡Voy corriendo, corriendo
la vieja Tierra,
rompiendo con la mía
su pobre huella!
¡O me paro y la borran
mis locas trenzas,
o de bruces mi boca
lame la huella!

Pero la Tierra blanca
se vuelve eterna;
se alarga inacabable
igual que la cadena;
se estira en una cobra
que el Dios Santo no quiebra
¡y sigue hasta el término
del mundo la huella!

LA CELOSA

Él se parecía al viento
en que es de todos y de nadie.
Cuando me acuerdo de su amor
de la befa del viento me acuerdo.
Me besó como besa el viento
con boca mojada en marismas,
en salinas y cañaverales,
y yo quería un hombre, no un viento.

Él se parecía al viento
que todos mientan y nadie tuvo.
Me besó como besa el viento
con boca mojada en establos,
cañaverales y salinas,
y mi alma llevó a las otras
y las injurió lo mismo,
sin parar nunca como el viento.
Cuando me acuerdo de su amor,
de la befa del viento me acuerdo.

Y al agua loca se parecía,
tómalo todo, déjalo todo,
sin cauce en que adormecerse
y sin riberas eternas.
Me tomó como el torrente
y me llevó por el mundo,
gloriosa y hecha pedazos.

Pero un torrente no me valía
para fundar nuestra casa
y echar por su espalda mis ojos.

Dijo que yo estaba loca,
porque amándole le perdía.
Y tal vez estaré loca, Dios mío,

pues no lo tengo ni me tengo
en el mundo en que las piedras
tienen su musgo y las rutas
el torbellino de polvo.

Mi madre afiló mi lengua
sobre fábulas benditas
donde el león ama a una leona
y el Rey bebe solo en una copa.

Ha de haber algún país,
alguna abra, alguna tierra
donde yo ame y sea amada.
Los brazos de un hombre
serán mi firmamento.

En la Tierra del Señor,
yo, pelícana salobre
y castora solitaria,
yo quise tener el pelícano
que me diese calor de hijos
y el castor que defendiera
mi puerta del río y la muerte.

LA DESVELADA

En cuanto engruesa la noche
y lo erguido se recuesta,
y se endereza lo rendido,
le oigo subir las escaleras.
Nada importa que no le oigan
y solamente yo lo sienta.
¡A qué había de escucharlo
el desvelo de otra sierva!

En un aliento mío sube
y yo padezco hasta que llega
—cascada loca que su destino
una vez baja y otras repecha
y loco espino calenturiento
castañeteando contra mi puerta—.

No me alzo, no abro los ojos,
y sigo su forma entera.
Un instante, como precitos,
bajo la noche tenemos tregua;
pero le oigo bajar de nuevo
como en una marea eterna.

Él va y viene toda la noche
dádiva absurda, dada y devuelta,
medusa en olas levantada
que ya se ve, que ya se acerca.
Desde mi lecho yo lo ayudo
con el aliento que me queda,
por que no busque tanteando
y se haga daño en las tinieblas.

Los peldaños de sordo leño
como cristales me resuenan.

Yo sé en cuáles se descansa,
y se interroga, y se contesta.
Oigo donde los leños fieles
igual que mi alma, se le quejan,
y sé el paso maduro y último
que iba a llegar y nunca llega.

Mi casa padece su cuerpo
como llama que la retuesta.
Siento el calor que da su cara
—ladrillo ardiendo— contra mi puerta.
Pruebo una dicha que no sabía:
sufro de viva, muero de alerta,
¡y en este trance de agonía
se van mis fuerzas con sus fuerzas!

Al otro día repaso en vano
con mis mejillas y mi lengua,
rastreando la empañadura
en el espejo de la escalera.
Y unas horas sosiega mi alma
hasta que cae la noche ciega.

El vagabundo que lo cruza
como fábula me lo cuenta.
Apenas él lleva su carne,
apenas es de tanto que era,
y la mirada de sus ojos
una vez hiela y otras quema.

No le interrogue quien lo cruce;
sólo le digan que no vuelva,
que no repeche su memoria,
para que él duerma y que yo duerma.
Mate el nombre que como viento
en sus rutas turbillonea
¡y no vea la puerta mía,
recta y roja como una hoguera!

LA HUMILLADA

Un pobre amor humillado
arde en la casa que miro.
En el espacio del mundo,
lleno de duros prodigios,
existe y pena este amor,
como ninguno ofendido.

Se cansa cuanto camina,
cuanto alienta, cuanto es vivo,
y no se rinde ese fuego,
de clavos altos y fijos.

Junto con los otros sueños,
el sueño suyo Dios hizo
y ella no quiere dormir
de aquel sueño recibido.

La pobre llama demente
violento arde y no cansino,
sin tener el viento Oeste
sin alcanzar el marino,
y arde quieta, arde parada
aunque sea torbellino.

Mejor que caiga su casa
para que ella haga camino
y que marche hasta rodar
en el pastal o en los trigos.

Ella su casa la da
como se entrega un carrizo;
da su canción dolorida,
da su mesa y sus vestidos.

¡Pero ella no da su pecho
ni el brazo al fuego extendido,
ni la oración que le nace
como un hijo, con vagido,
ni el árbol de azufre y sangre
cada noche más crecido,
que ya la alcanza y la lame
tomándola para él mismo!

LA ANSIOSA

Antes que él eche a andar, está quedado
el viento Norte, hay una luz enferma,
el camino blanquea en brazo muerto
y, sin gracia de amor, pesa la tierra.

Y cuando viene, lo sé por el aire
que me lo dice, alácrito y agudo;
y abre mi grito en la venteada un tubo
que le mima y le cela los cabellos,
y le guarda los ojos del pedrisco.

Vilano o junco ebrio parecía;
apenas era y ya no voltijea;
viene más puro que el disco lanzado,
más recto, más que el albatros sediento,
y ahora ya la punta de mis brazos
afirman su cintura en la carrera.

Pero ya saben mi cuerpo y mi alma
que viene caminando por la raya
amoratada de mi largo grito,
sin enredarse en el fresno glorioso
ni relajarse en los bancos de arena.

¿Cómo no ha de llegar si me lo traen
los elementos a los que fui dada?
El agua me lo alumbra en los hondones,
el fuego me lo urge en el poniente
y el viento Norte aguija sus costados.

Mi grito vivo no se le relaja;
ciego y exacto lo alcanza en los riscos.
Avanza abriendo el matorral espeso
y al acercarse ya suelta su espalda,
libre lo deja y se apaga en mi puerta.

Y ya no hay voz cuando cae a mis brazos
porque toda ella quedó consumida,
y este silencio es más fuerte que el grito
si así nos deja con los rostros blancos.

LA ABANDONADA

A Emma Godoy

Ahora voy a aprenderme
el país de la acedía,
y a desaprender tu amor
que era la sola lengua mía,
como río que olvidase
lecho, corriente y orillas.

¿Por qué trajiste tesoros
si el olvido no acarrearías?
Todo me sobra y yo me sobro
como traje de fiesta para fiesta no habida;
¡tanto, Dios mío, que me sobra
mi vida desde el primer día!

Denme ahora las palabras
que no me dio la nodriza.
Las balbucearé demente
de la sílaba a la sílaba:
palabra «expolio», palabra «nada»,
y palabra «postrimería»,
¡aunque se tuerzan en mi boca
como las víboras mordidas!

Me he sentado a mitad de la Tierra,
amor mío, a mitad de la vida,
a abrir mis venas y mi pecho,
a mondarme en granada viva,
y a romper la caoba roja
de mis huesos que te querían.

Estoy quemando lo que tuvimos:
los anchos muros, las altas vigas,

descuajando una por una
las doce puertas que abrías
y cegando a golpes de hacha
el aljibe de la alegría.

Voy a esparcir, voleada,
la cosecha ayer cogida,
a vaciar odres de vino
y a soltar aves cautivas;
a romper como mi cuerpo
los miembros de la «masía»
y a medir con brazos altos
la parva de las cenizas.

¡Cómo duele, cómo cuesta,
cómo eran las cosas divinas,
y no quieren morir, y se quejan muriendo,
y abren sus entrañas vívidas!
Los leños entienden y hablan,
el vino empinándose mira
y la banda de pájaros sube
torpe y rota como neblina.

Venga el viento, arda mi casa
mejor que bosque de resinas;
caigan rojos y sesgados
el molino y la torre madrina.
¡Mi noche, apurada del fuego,
mi pobre noche no llegue al día!

LA ESPERA INÚTIL

Yo me olvidé que se hizo
ceniza tu pie ligero,
y, como en los buenos tiempos,
salí a encontrarte al sendero.

Pasé valle, llano y río
y el cantar se me hizo triste.
La tarde volcó su vaso
de luz ¡y tú no viniste!

El sol fue desmenuzando
su ardida y muerta amapola;
flecos de niebla temblaron
sobre el campo. ¡Estaba sola!

Al viento otoñal, de un árbol
crujieron los secos brazos.
Tuve miedo y te llamé:
«¡Amado, apresura el paso!

Tengo miedo y tengo amor,
¡amado, el paso apresura!».
Iba espesando la noche
y creciendo mi locura.

Me olvidé de que te hicieron
sordo para mi clamor;
me olvidé de tu silencio
y de tu cárdeno albor;

de tu inerte mano torpe
ya para buscar mi mano;
¡de tus ojos dilatados
del inquirir soberano!

La noche ensanchó su charco
de betún; el agorero
búho con la horrible seda
de su ala rasgó el sendero.

No te volveré a llamar,
que ya no haces tu jornada;
mi desnuda planta sigue,
la tuya está sosegada.

Vano es que acuda a la cita
por los caminos desiertos.
¡No ha de cuajar tu fantasma
entre mis brazos abiertos!

RUEGO POR AMORES DIFUNTOS

EL RUEGO

Señor, tú sabes cómo, con encendido brío,
por los seres extraños mi palabra te invoca.
Vengo ahora a pedirte por uno que era mío,
mi vaso de frescura, el panal de mi boca.

Cal de mis huesos, dulce razón de la jornada,
gorjeo de mi oído, ceñidor de mi veste.
Me cuido hasta de aquellos en que no puse nada;
¡no tengas ojo torvo si te pido por éste!

Te digo que era bueno, te digo que tenía
el corazón entero a flor de pecho, que era
suave de índole, franco como la luz del día,
henchido de milagro como la primavera.

Me replicas, severo, que es de plegaria indigno
el que no untó de preces sus dos labios febriles,
y se fue aquella tarde sin esperar tu signo,
trizándose las sienes como vasos sutiles.

Pero yo, mi Señor, te arguyo que he tocado,
de la misma manera que el nardo de su frente,
todo su corazón dulce y atormentado
¡y tenía la seda del capullo naciente!

¿Que fue cruel? Olvidas, Señor, que le quería,
Y él sabía suya la entraña que llagaba.
¿Que enturbió para siempre mis linfas de alegría?
¡No importa! Tú comprende: ¡yo le amaba, le amaba!

Y amar (bien sabes de eso) es amargo ejercicio;
un mantener los párpados de lágrimas mojados,
un refrescar de besos las trenzas del cilicio
conservando, bajo ellas, los ojos extasiados.

El hierro que taladra tiene un gustoso frío,
cuando abre, cual gavillas, las carnes amorosas.
Y la cruz (Tú te acuerdas ¡oh Rey de los judíos!)
se lleva con blandura, como un gajo de rosas.

Aquí me estoy, Señor, con la cara caída
sobre el polvo, parlándote un crepúsculo entero,
o todos los crepúsculos a que alcance la vida,
si tardas en decirme la palabra que espero.

Fatigaré tu oído de preces y sollozos,
lamiendo, lebrel tímido, los bordes de tu manto,
y ni pueden huirme tus ojos amorosos
ni esquivar tu pie el riego caliente de mi llanto.

¡Di el perdón, dilo al fin! Va a esparcir en el viento
la palabra el perfume de cien pomos de olores
al vaciarse; toda agua será deslumbramiento;
el yermo echará flor y el guijarro esplendores.

Se mojarán los ojos oscuros de las fieras,
y, comprendiendo, el monte que de piedra forjaste
llorará por los párpados blancos de sus neveras:
¡toda la tierra tuya sabrá que perdonaste!

LOS SONETOS DE LA MUERTE

I

Del nicho helado en que los hombres te pusieron,
te bajaré a la tierra humilde y soleada.
Que he de dormirme en ella los hombres no supieron,
y que hemos de soñar sobre la misma almohada.

Te acostaré en la tierra soleada con una
dulcedumbre de madre para el hijo dormido,
y la tierra ha de hacerse suavidades de cuna
al recibir tu cuerpo de niño dolorido.

Luego iré espolvoreando tierra y polvo de rosas,
y en la azulada y leve polvareda de luna,
los despojos livianos irán quedando presos.

Me alejaré cantando mis venganzas hermosas,
¡porque a ese hondor recóndito la mano de ninguna
bajará a disputarme tu puñado de huesos!

II

Este largo cansancio se hará mayor un día,
y el alma dirá al cuerpo que no quiere seguir
arrastrando su masa por la rosada vía,
por donde van los hombres, contentos de vivir.

Sentirás que a tu lado cavan briosamente,
que otra dormida llega a la quieta ciudad.
Esperaré que me hayan cubierto totalmente...
¡y después hablaremos por una eternidad!

Sólo entonces sabrás el por qué no madura
para las hondas huesas tu carne todavía,
tuviste que bajar, sin fatiga, a dormir.

Se hará luz en la zona de los sinos, oscura;
sabrás que en nuestra alianza signo de astros había
y, roto el pacto enorme, tenías que morir.

III

Malas manos tomaron tu vida desde el día
en que, a una señal de astros, dejara su plantel
nevado de azucenas. En gozo florecía.
Malas manos entraron trágicamente en él...

Y yo dije al Señor: «Por las sendas mortales
le llevan. ¡Sombra amada que no saben guiar!
¡Arráncalo, Señor, a esas manos fatales
o le hundes en el largo sueño que sabes dar!

¡No le puedo gritar, no le puedo seguir!
Su barca empuja un negro viento de tempestad.
Retórnalo a mis brazos o le siegas en flor».

 Se detuvo la barca rosa de su vivir...
¿Que no sé del amor, que no tuve piedad?
¡Tú, que vas a juzgarme, lo comprendes, Señor!

CERAS ETERNAS

¡Ah! Nunca más conocerá tu boca
la vergüenza del beso que chorreaba
concupiscencia, como espesa lava!

Vuelven a ser dos pétalos nacientes,
esponjados de miel nueva, los labios
que yo quise inocentes.

¡Ah! Nunca más conocerán tus brazos
el nudo horrible que en mis días puso
oscuro horror: ¡el nudo de otro abrazo!

Por el sosiego puros,
quedaron en la tierra distendidos,
¡ya, Dios mío, seguros!

¡Ah! Nunca más tus dos iris cegados
tendrán un rostro descompuesto, rojo
de lascivia, en sus vidrios dibujado.

¡Benditas ceras fuertes,
ceras heladas, ceras eternales
y duras, de la muerte!

¡Bendito toque sabio,
con que apretaron ojos, con que apegaron brazos,
con que juntaron labios!

¡Duras ceras benditas,
ya no hay brasa de besos lujuriosos
que os quiebren, que os desgasten, que os derritan!

NOCTURNO DEL DESCENDIMIENTO

A Victoria Ocampo

Cristo del campo, «Cristo de Calvario»
vine a rogarte por mi carne enferma;
pero al verte mis ojos van y vienen
de tu cuerpo a mi cuerpo con vergüenza.
Mi sangre aún es agua de regato;
la tuya se paró como agua en presa.
Yo tengo arrimo en hombro que me vale,
a ti los cuatro clavos ya te sueltan,
y el encuentro resulta recogerte
la sangre como lengua que contesta,
pasar mis manos por mi pecho enjuto,
coger tus pies en peces que gotean.

Ahora ya no me acuerdo de nada,
de viaje, de fatiga, de dolencia.
El ímpetu del ruego que traía
se me dobla en la boca pedigüeña,
de hallarme en este pobre anochecer
con un bulto vencido en una cuesta
que cae y cae y cae sin parar
en un trance que nadie me dijera.
Desde tu vertical cae tu carne
en cáscara de fruta que golpean:
el pecho cae y caen las rodillas
y en cogollo abatido, la cabeza.

Acaba de llegar, Cristo, a mis brazos,
peso divino, dolor que me entregan,
ya que estoy sola en esta luz sesgada
y lo que veo no hay otro que vea,
y lo que pasa tal vez cada noche
no hay nadie que lo atine o que lo sepa,

y tu caída, los que son tus hijos,
como no te la ven no la sujetan,
y la pulpa de sangre no reciben,
¡de ser el cerro soledad entera
y de ser la luz poca y tan sesgada
en un cerro sin nombre de la Tierra!

INTERROGACIONES

¿Cómo quedan, Señor, durmiendo los suicidas?
¿Un cuajo entre la boca, las dos sienes vaciadas,
las lunas de los ojos albas y engrandecidas,
hacia un ancla invisible las manos orientadas?

¿O Tú llegas después que los hombres se han ido,
y les bajas el párpado sobre el ojo cegado,
acomodas las vísceras sin dolor y sin ruido
y entrecruzas las manos sobre el pecho callado?

El rosal que los vivos riegan sobre su huesa
¿no le pinta a sus rosas unas formas de heridas?
¿no tiene acre el olor, siniestra la belleza
y las frondas menguadas de serpientes tejidas?

Y responde, Señor: cuando se fuga el alma,
por la mojada puerta de las hondas heridas,
¿entra en la zona tuya hendiendo el aire en calma
o se oye un crepitar de alas enloquecidas?

¿Angosto cerco lívido se aprieta en torno suyo?
¿El éter es un campo de monstruos florecido?
¿En el pavor no aciertan ni con el nombre tuyo?
¿O lo gritan, y sigue tu corazón dormido?

¿No hay un rayo de sol que los alcance un día?
¿No hay agua que los lave de sus estigmas rojos?
¿Para ellos solamente queda tu entraña fría,
sordo tu oído fino y apretados tus ojos?

Tal el hombre asegura, por error o malicia;
mas yo, que te he gustado, como un vino, Señor,
mientras los otros siguen llamándote Justicia,
¡no te llamaré nunca otra cosa que Amor!

Yo sé que como el hombre fue siempre zarpa dura;
la catarata, vértigo; aspereza, la sierra,
¡Tú eres el vaso donde se esponjan de dulzura
los nectarios de todos los huertos de la Tierra!

ANIVERSARIO

Todavía, Miguel, me valen,
como al que fue saqueado,
el voleo de tus voces,
las saetas de tus pasos
y unos cabellos quedados,
por lo que reste de tiempo
y albee de eternidades.

Todavía siento extrañeza
de no apartar tus naranjas
ni comer tu pan sobrado
y de abrir y de cerrar
por mano mía tu casa.

Me asombra el que, contra el logro
de Muerte y de matadores,
sigas quedado y erguido,
caña o junco no cascado
y que, llamado con voz
o con silencio, me acudas.

Todavía no me vuelven
marcha mía, cuerpo mío.
Todavía estoy contigo
parada y fija en tu trance,
detenidos como en puente,
sin decidirte tú a seguir,
y yo negada a devolverme.

Todavía somos el Tiempo,
pero probamos ya el sorbo
primero, y damos el paso
adelantado y medroso.

Y una luz llega anticipada
de La Mayor que da la mano,
y convida, y toma, y lleva.

Todavía como en esa
mañana de techo herido
y de muros humeantes,
seguimos, mano a la mano,
escarnecidos, robados,
y los dos rectos e íntegros.

Sin saber tú que vas yéndote,
sin saber yo que te sigo,
dueños ya de claridades
y de abras inefables
o resbalamos un campo
que no ataja con linderos
ni con el término aflige.

Y seguimos, y seguimos,
ni dormidos ni despiertos,
hacia la cita e ignorando
que ya somos arribados.
Y del silencio perfecto,
y de que la carne falta,
la llamada aún no se oye
ni el Llamador da su rostro.

¡Pero tal vez esto sea
¡ay! amor mío la dádiva
del rostro eterno y sin gestos
y del reino sin contorno!

DUELOS NOCTURNOS

MADRE MÍA

I

Mi madre era pequeñita
como la menta o la hierba;
apenas echaba sombra
sobre las cosas, apenas,
y la Tierra la quería
por sentírsela ligera
y porque le sonreía
en la dicha y en la pena.

Los niños se la querían,
los viejos y la hierba,
y la luz que ama la gracia,
y la busca y la corteja.

A causa de ella será
este amar lo que no se alza,
lo que sin rumor camina
y silenciosamente habla:
las hierbas aparragadas
y el espíritu del agua.

¿A quién se lo estoy contando
desde la Tierra extranjera?
A las mañanas la digo
para que se le parezcan:
y en mi ruta interminable
voy contándola a la Tierra.

Y cuando es que viene y llega
una voz que lejos canta,
perdidamente la sigo,
y camino sin hallarla.

¿Por qué la llevaron tan
lejos que no se la alcanza?
¿Y si me acudía siempre
por qué no responde y baja?

¿Quién lleva su forma ahora
para salir a encontrarla?
Tan lejos camina ella que
su aguda voz no me alcanza.
Mis días los apresuro
como quien oye llamada.

II

Esta noche que está llena
de ti, sólo a ti entregada,
aunque estés sin tiempo tómala,
siéntela, óyela, alcánzala.
Del día que acaba queda
nada más que espera y ansia.

Algo viene de muy lejos,
algo acude, algo adelanta;
sin forma ni rumor viene
pero de llegar no acaba.
¿Y aunque viene así de recta
por qué camina y no alcanza?

III

Eres tú la que camina,
en lo leve y en lo cauta.
Llega, llega, llega al fin,
la más fiel y más amada.
¿Qué te falta donde moras?
¿Es tu río, es tu montaña?
¿O soy yo misma la que
sin entender se retarda?

No me retiene la Tierra
ni el Mar que como tú canta;

no me sujetan auroras
ni crepúsculos que fallan.

Estoy sola con la Noche,
la Osa Mayor, la Balanza,
por creer que en esta paz
puede viajar tu palabra
y romperla mi respiro
y mi grito ahuyentarla.

Vienes, madre, vienes, llegas,
también así, no llamada.
Acepta el volver a ver
y oír la noche olvidada
en la cual quedamos huérfanos
y sin rumbo y sin mirada.

Padece pedrusco, escarcha,
y espumas alborotadas.
Por amor a tu hija acepta
oír búho y marejada,
pero no hagas el retorno
sin llevarme a tu morada.

IV

Así, allega, dame el rostro,
y una palabra siseada.
Y si no me llevas, dura
en esta noche. No partas,
que aunque tú no me respondas
todo esta noche es palabra:
rostro, siseo, silencio
y el hervir la Vía Láctea.

Así… así… más todavía.
Dura, que no ha amanecido.
Tampoco es noche cerrada.
Es adelgazarse el tiempo
y ser las dos igualadas

y volverse la quietud
tránsito lento a la Patria.

V

Será esto, madre, di,
la Eternidad arribada,
el acabarse los días
y ser el siglo nonada,
y entre un vivir y un morir
no desear, de lo asombradas.
¿A qué más si nos tenemos
ni tardías ni mudadas?

¿Cómo esto fue, cómo vino,
cómo es que dura y no pasa?
No lo quiero demandar;
voy entendiendo, azorada,
con lloro y con balbuceo
y se funden las palabras
que me diste y que me dieron
en una sola y ferviente:
«¡Gracias, gracias, gracias, gracias!».

LA FUGA

Madre mía, en el sueño
ando por paisajes cardenosos:
un monte negro que se contornea
siempre, para alcanzar el otro monte;
y en el que sigue estás tú vagamente,
pero siempre hay otro monte redondo
que circundar, para pagar el paso
al monte de tu gozo y de mi gozo.

Mas, a trechos tú misma vas haciendo
el camino de burlas y de expolio.
Vamos las dos sintiéndonos, sabiéndonos,
mas no podemos vernos en los ojos,
y no podemos trocarnos palabra,
cual la Eurídice y el Orfeo solos,
las dos cumpliendo un voto o un castigo,
ambas con pies y con acento rotos.

Pero a veces no vas al lado mío:
te llevo en mí, en un peso angustioso
y amoroso a la vez, como pobre hijo
galeoto a su padre galeoto,
y hay que enhebrar los cerros repetidos,
sin decir el secreto doloroso:
que yo te llevo hurtada a dioses crueles
y que vamos a un Dios que es de nosotros.

Y otras veces ni estás cerro adelante,
ni vas conmigo, ni vas en mi soplo:
te has disuelto con niebla en las montañas,
te has cedido al paisaje cardenoso.
Y me das unas voces de sarcasmo
desde tres puntos, y en dolor me rompo,
porque mi cuerpo es uno, el que me diste,
y tú eres un agua de cien ojos,

y eres un paisaje de mil brazos,
nunca más lo que son los amorosos:
un pecho vivo sobre un pecho vivo,
nudo de bronce ablandado en sollozo.

Y nunca estamos, nunca nos quedamos,
como dicen que quedan los gloriosos,
delante de su Dios, en dos anillos
de luz o en dos medallones absortos,
ensartados en un rayo de gloria
o acostados en un cauce de oro.

O te busco, y no sabes que te busco,
o vas conmigo, y no te veo el rostro;
o en mí tú vas, en terrible convenio,
sin responderme con tu cuerpo sordo,
siempre por el rosario de los cerros,
que cobran sangre por entregar gozo,
y hacen danzar en torno a cada uno,
¡hasta el momento de la sien ardiendo,
del cascabel de la antigua demencia
y de la trampa en el vórtice rojo!

LÁPIDA FILIAL

Apegada a la seca fisura
del nicho, déjame que te diga:
—Amados pechos que me nutrieron
con una leche más que otra viva;
parados ojos que me miraron
con tal mirada que me ceñía;
regazo ancho que calentó
con una hornaza que no se enfría;
mano pequeña que me tocaba
con un contacto que me fundía:
¡resucitad, resucitad,
si existe la hora, si es cierto el día,
para que Cristo os reconozca
y a otro país deis alegría,
para que pague ya mi Arcángel
formas y sangre y leche mía,
y que por fin te recupere
la vasta y santa sinfonía
de viejas madres: la Macabea,
Ana, Isabel, Lía y Raquel!

LUTO

En sólo una noche brotó de mi pecho,
subió, creció el árbol de luto,
empujó los huesos, abrió las carnes,
su cogollo llegó a mi cabeza.

Sobre hombros, sobre espaldas,
echó hojazones y ramas,
y en tres días estuve cubierta,
rica de él como de mi sangre.
¿Dónde me tocan ahora?
¿Qué brazo daré que no sea luto?

Igual que las humaredas
ya no soy llama ni brasas.
Soy esta espiral y esta liana
y este ruedo de humo denso.

Todavía los que llegan
me dicen mi nombre, me ven la cara;
pero yo que me ahogo me veo
árbol devorado y humoso,
cerrazón de noche, carbón consumado,
enebro denso, ciprés engañoso,
cierto a los ojos, huido en la mano.

En una pura noche se hizo mi luto
en el dédalo de mi cuerpo
y me cubrió este resuello
noche y humo que llaman luto
que me envuelve y que me ciega.

Mi último árbol no está en la tierra
no es de semilla ni de leño,
no se plantó, no tiene riegos.
Soy yo misma mi ciprés

mi sombreadura y mi ruedo,
mi sudario sin costuras,
y mi sueño que camina
árbol de humo y con ojos abiertos.

En lo que dura una noche
cayó mi sol, se fue mi día,
y mi carne se hizo humareda
que corta un niño con la mano.

El color se escapó de mis ropas,
el blanco, el azul, se huyeron
y me encontré en la mañana
vuelta un pino de pavesas.

Ven andar un pino de humo,
me oyen hablar detrás de mi humo
y se cansarán de amarme,
de comer y de vivir,
bajo de triángulo oscuro
falaz y crucificado
que no cría más resinas
y raíces no tiene ni brotes.
Un solo color en las estaciones,
un solo costado de humo
y nunca un racimo de piñas
para hacer el fuego, la cena y la dicha.

NOCTURNO VIII

Noche de blanco soberano
en que la luna pavonea,
embaucadora de diamante,
embaucadora de la tierra.

Montaña dura, madre trágica,
como su bruma se aligera;
valle cansado de elegía,
apenas es, apenas pesa,
y cuerpo mío, viejo cuerpo
como una niebla se me enreda.

Yo perdonase en esta noche
y blanquease mi miseria,
y meciese las criaturas
si en mi regazo las tuviera,
en esta luz que quita el peso
de los metales de la tierra,
que toma el peso al encinar
y me lo vuelve polvareda,
y toma el peso de mi casa
y de mi entraña con tristeza.
Sacara de su casa yo
a la mujer color de cera;
sacara de su lecho yo...

[...]

II

Pero yo sé que ella está muerta
la que de lo alto señorea,
que se ha acabado hace mil años,
antes de Lía y de Rebeca,
que saca por el monte nuestro

un pecho lívido de muerta
que echa a mi negra tierra viva
una mirada que es de cera
y que a mi boca que la dice
apega boca sin aliento.

Solo sabemos su secreto
y conocemos sus riberas,
los que llevamos nuestra entraña
a mitad viva, a mitad seca,
y sin tocarla nos sabemos
lo que no alienta y lo que alienta
por esta sien que nos palpita
y por la otra que...

[...]

Niño que duerme le celase;
suaves gacelas le escondiera;
mi cuerpo echase por estera
para que no apaguen su bien
y que no...

[...]

A este mar fuerte de mi sangre
y de mi fuerza, bien cubriera
de la falsía de su rostro
y de su blanco de ceguera.

Pero el mar me oye como un hijo
que por amante besa a ella;
y se columpia de su ansia
el mar de donde yo he mi sangre
y en que ha su sangre toda la tierra.

NOCTURNO DE MI MADRE II

Madre mía, es Valle de Chile
joya mía, disuelta madre.

Estrujaste la lima dulce,
mostraste la uva, diste la cereza,
me llevaste la mano a sal
y me diste a tocar las piedras.

Las maderas del cerro de Elqui
huelen y embriagan como abiertas.
y el cielo hierve de materias.

En esta noche de posesión
y de despojo, todo se cuenta.
Regalaste los ademanes
de tomar ropa y coger trenzas.
Menos llevabas, cogedora
pies sorteadores de las culebras.
La noche trae todos los gestos
de la tiniebla, los acarrea.
Oigo romperse el pan y veo
trigo al nivel de tu cabeza.

Mi muerta anda por la noche
de la mano de las materias,
pegado el río a sus pies
y en nunca de la cordillera.
Sus virtudes la turbia noche
me decantan y me la albean
Regalos al apa me la colman
hasta que como oro me pesan
y mirando y tocando bienes
me doblo y gimo de mi deuda.

Parte la noche, espada pura,
deja grosura de la tierra
y como yo de treinta días
abre vistas con extrañeza.
Como tú a mí, los tres Arcángeles
te darán los gestos y maneras.
Como tú a mí dando con tiento
esos cristales y aguas lentas
la otra leche, el otro vino
y las otras pisadas trémulas.

Vas todavía a ras de cerros
con la cauda de las materias.
Todavía con un rezago
de carne nuestra en la carrera.
Y este tránsito con las cosas
que todavía se le apegan
es el que llena y que remece
toda esta noche de mi vela.

Entre tú y yo corre tu leche
que me funde tuétano y lengua.
Pero mañana no habrá
cadena y garfios de materias,
solo jadeo de oraciones,
puente de antífona y secuencia.
Y esta es noche de los adioses
empinados entre dos tierras.
Madre mía, que los demiurgos
arriba trenzan y destrenzan.
Yo rezaré por ayudarlos,
yo gemiré hasta que te sienta
entera como el lienzo entero
y como carne de la almendra.
Descansaré cuando descanses
y comeré pan de las mesas
y dormiré mirando guiños
que son *síes* de las estrellas.
Sosegaré y exultaré,

conoceré retozo y fiesta
doscientos días de tu lar:
la leche tuya, la cal tuya,
el leño tuyo, el metal tuyo
enderezado en una cuesta.

II

ERRANCIAS TERRENALES

ADIOSES

RAÍCES

Estoy metida en la noche
de estas raíces amargas
como las pobres medusas
que en el silencio se abrazan
ciegas, iguales y en pie,
como las piedras y las hermanas.

Oyen los vientos, oyen los pinos
y no suben a saber nada.
Cuando las sube la azada
le vuelven al sol la espalda.

Ellas sueñan y hacen los sueños
y a la copa mandan las fábulas.
Pinos felices tienen su noche,
pero las siervas no descansan.
Por eso yo paso mi mano
y mi piedad por sus espaldas.

Apretadas y revueltas
las raíces-alimañas
me miran con unos ojos
fijos de peces que no se les cansan
y yo me duermo entre ellas
y de dormida me abrazan.

Abajo son los silencios,
en las ramas son las fábulas.
Del sol serían heridas
que sí bajaron a esta patria.
No sé quién las haya herido
que al tocarlas doy con llagas.

Quiero aprender lo que oyen
para estar tan arrobadas,

lo que saben y las hace
así de dulces y amargas.
Paso entre ellas y mis mejillas
se llenan de tierra mojada.

PUERTAS

Entre los gestos del mundo
recibí el que dan las puertas.
En la luz yo las he visto
o selladas o entreabiertas
y volviendo sus espaldas
del color de la vulpeja.
¿Por qué fue que las hicimos
para ser sus prisioneras?

Del gran fruto de la casa
son la cáscara avarienta.
El fuego amigo que gozan
a la ruta no lo prestan.
Canto que adentro cantamos
lo sofocan sus maderas
y a su dicha no convidan
como la granada abierta:
¡Sibilas llenas de polvo,
nunca mozas, nacidas viejas!

Parecen tristes moluscos
sin marea y sin arenas.
Parecen, en lo ceñudo,
la nube de la tormenta.

A las sayas verticales
de la Muerte se asemejan
y yo las abro y las paso
como la caña que tiembla.

«¡No!», dicen a las mañanas
aunque las bañen, las tiernas.
Dicen «¡No!» al viento marino
que en su frente palmotea
y al olor de pinos nuevos
que se viene por la Sierra.

Y lo mismo que Casandra,
no salvan aunque bien sepan:
porque mi duro destino
él también pasó mi puerta.

Cuando golpeo me turban
igual que la vez primera.
El seco dintel da luces
como la espada despierta
y los batientes se avivan
en escapadas gacelas.
Entro como quien levanta
paño de cara encubierta,
sin saber lo que me tiene
mi casa de angosta almendra
y pregunto si me aguarda
mi salvación o mi pérdida.

Ya quiero irme y dejar
el sobrehaz de la Tierra,
el horizonte que acaba
como un ciervo, de tristeza,
y las puertas de los hombres
selladas como cisternas.
Por no voltear en la mano
sus llaves de anguilas muertas
y no oírles más el crótalo
que me sigue la carrera.

Voy a cruzar sin gemido
la última vez por ellas
y a alejarme tan gloriosa
como la esclava liberta,
siguiendo el cardumen vivo
de mis muertos que me llevan.
No estarán allá rayados
por cubo y cubo de puertas
ni ofendidos por sus muros
como el herido en sus vendas.

Vendrán a mí sin embozo,
oreados de luz eterna.

Cantaremos a mitad
de los cielos y la tierra.
Con el canto apasionado
heriremos puerta y puerta
y saldrán de ellas los hombres
como niños que despiertan
al oír que se descuajan
y que van cayendo muertas.

DESPEDIDA

Ahora son los adioses
que por un golpe de viento
se allegan o parten;
así son todas las dichas.
Si Dios quiere vuelvo un día
de nuevo la cara,
y no regreso si los rostros
que busco me faltan.

Así somos como son
cimbreando las palmas:
apenas las junta el gozo
y ya se separan.
Gracias del pan, de la sal
y de la pitahaya,
del lecho que olía a mentas
y la noche «hablada».
La garganta más no dice
por acuchillada;
no ven la puerta los ojos
cegados de lágrimas.

ADIÓS

Adiós la tierra de dos años,
dorada como Epifanía
dulce de andar, dulce de ver,
y de tomar la vida mía.
De ti me voy, también me voy
aunque restar bien me creía.

Adiós la tierra de cinco años,
Provenza sin melancolía,
alegre del claro aceite,
de felibres y romerías,

aunque te quiero sol y viento
y como joya me bruñías
tu padre-río ya lo dejo
aunque su silbo ya fuese mío.

Liguria matrona y doncella
donde tan dulce se dormía,
donde tan dulce se marchaba,
y sin acidia se vivía:
también me voy, también de ti
aunque fui tuya y eras mía.

ME VOY COMO EN SECRETO

Me voy como en secreto,
cuerpo y alma a buscar
de la mujer de la proa,
la regalada al mar.

La hija del oceáno
mi lecho va a tomar.
La mujer vagabunda
toma la tempestad.

La mujer de la proa
todo su mar me da,
Le dejo yo mi lecho
las naranjas y el pan.
Ella el viento, el sargazo,
las espumas, la sal.

Las dos nos conocemos
de diez siglos y más.

Mudamos el destino
trocamos el afán.
Ella toma mi sueño
yo le recibo el mar.

Toda la noche larga
tengo lo que me dan.
Las olas, como Antígona
me enseñan a ulular.
El mar me enseña dobles
muerte y eternidad.

Mitad mi cuerpo es ola,
Vía Láctea mitad,

mitad carne es estruendo,
media carne es coral,
el cielo es un besarme
y el agua un me entregar.

La que en mi lecho duerme
sueña tierra y casal.
Mi almohada le da patria
y madre y cristiandad.

Cuando el alba se venga
volveremos a estar
mi hermana aquí en la proa
y yo en el navegar.

Marinos, cuerda y mástil
ni saben ni sabrán
y al cerrarse la noche
lo que ha sido será.

Ella en la proa dura
cuando se vuelve al mar
trae en la boca leche
y en las rodillas paz.

Yo ando con extrañeza
de marcha y de cantar
pesada como de algas
de pulpo y ceguedad.

Mis amigos no saben
lo que se sabe el mar.
Cuarenta noches negras
velé desnuda el mar.

NOSTALGIA NATAL

BALADA DE MI NOMBRE

El nombre mío que he perdido,
¿dónde vive, dónde prospera?
Nombre de infancia, gota de leche,
rama de mirto tan ligera.

De no llevarme iba dichoso
o de llevar mi adolescencia
y con él ya no camino
por campos y por praderas.

Llanto mío no conoce
y no la quemó mi salmuera;
cabellos blancos no me ha visto,
ni mi boca con acidia,
y no me habla si me encuentra.

Pero me cuentan que camina
por las quiebras de mi montaña
tarde a la tarde silencioso
y sin mi cuerpo y vuelto mi alma.

LA DESASIDA

En el sueño yo no tenía
padre ni madre, gozos ni duelos,
no era mío ni el tesoro
que he de velar hasta el alba,
edad ni nombre llevaba,
ni mi triunfo ni mi derrota.

Mi enemigo podía injuriarme
o negarme Pedro, mi amigo,
que de haber ido tan lejos
no me alcanzaban las flechas:
para la mujer dormida
lo mismo daba este mundo
que los otros no nacidos.

Donde estuve nada dolía:
estaciones, sol ni lunas,
no punzaban ni la sangre
ni el cardenillo del Tiempo;
ni los altos silos subían
ni rondaba el hambre los silos.
Y yo decía como ebria:
¡Patria mía, Patria, la Patria!

Pero un hilo tibio retuve,
—pobre mujer— en la boca,
vilano que iba y venía
por la nonada del soplo,
no más que un hilo de araña
o que un repunte de arenas.

Pude no volver y he vuelto.
De nuevo hay muro a mi espalda,
y he de oír y responder
y, voceando pregones,
ser otra vez buhonera.

Tengo mi cubo de piedra
y el puñado de herramientas.
Mi voluntad la recojo
como ropa abandonada,
desperezo mi costumbre
y otra vez retomo el mundo.

Pero me iré cualquier día
sin llantos y sin abrazos,
barca que parte de noche
sin que la sigan las otras,
la ojeen los faros rojos
ni se la oigan sus costas.

RECADO NOCTURNO

Ahora veo de lejos
la vieja piedra de mi casa:
piedra vertical, blanca y morada.
Ya no me cortan esas puertas
ni tengo siesta en el patio,
ni desgrano sus marzorcas,
ni hago el vino y los arropes.

Ya no me llaman los de esa casa
dulce y ácida como el espino,
ni me golpean amándome
y odiándome en igual soplo.

Desde aquí y de cualquier parte
miro la casa, palpo a la casa
las piedras, el humo, el bulto...
Toda la tengo palpada,
dicha, y rezada y cantada...

Tengo conmigo sus ángulos
violetas y su luz cruda,
el olor de lagar abierto
y el manojo de cedrón.
Bendigo sus alimentos
con mi alimento al mediodía
y en la noche de Noel
acompaño lo que ellos cantan,
rezo su golpeado rezo
y llorados tengo sus llantos.

Pero no les llevo mi cara
que hizo la misma leche,
ni la curva de mis espaldas
que hizo la misma colina,
ni el columpio de mis rodillas
que florecieron para sus hijos.

Me cansé de que me quisieran
y me odiaran con igual gesto,
de que echasen y me llamasen
y de que sus propios pastos
me lamiesen y magullasen.

Por el humo de su casa,
por el color de los follajes,
por el viento Suroeste,
sé cuándo ellos se levantan,
cuándo siembran, cuándo cosechan
y cuándo su carne se duerme.

A veces por la dulce noche
voy a verlos, voy a contarlos
y a oírlos dormir. Voy, voy,
voy no solo con el ansia,
que voy con mi cuerpo entero.
Media noche yo los miro
y oigo sus muchos alientos.
Volteo y beso a sus hijos.
Ando por sus corredores.
Palpo los muros, digo sus nombres:
María, Juana, Alejandro.
Todo lo tomo, nada recojo
y me vuelvo como salí.
Solo que con más memoria,
más tiempo y más Eternidad.

Mi casa ya no es mi casa.
Pero a la de ellos voy siempre.
Cuando la noche es muy ciega.
Y no pregunto el camino.
Me lo sé al sol y a la luna.
Y no hay cosa que resuene
de mis pisadas nocturnas,
polvo, puente, cristal, hierro,
materia alguna, viento alguno,
ojeo alguno del cielo
ni calofrío de ráfaga.

No sabrán de qué me muero,
cuándo me muero, dónde me muero.
No les voy a hacer velar
las vigilias de mi agonía.
Tampoco juntar mis ojos
con el salmo de mi David
ni cargar mi carne fría.

COSAS

A Max Daireaux

1

Amo las cosas que nunca tuve
con las otras que ya no tengo:

Yo toco un agua silenciosa,
parada en pastos friolentos,
que sin un viento tiritaba
en el huerto que era mi huerto.

La miro como la miraba;
me da un extraño pensamiento,
y juego, lenta, con esa agua
como con pez o con misterio.

2

Pienso en umbral donde dejé
pasos alegres que ya no llevo,
y en el umbral veo una llaga
llena de musgo y de silencio.

3

Me busco un verso que he perdido,
que a los siete años me dijeron.
Fue una mujer haciendo el pan
y yo su santa boca veo.

4

Viene un aroma roto en ráfagas;
soy muy dichosa si lo siento;

de tal delgado no es aroma,
siendo el olor de los almendros.

Me vuelve niños los sentidos;
le busco un nombre y no lo acierto,
y huelo el aire y los lugares
buscando almendros que no encuentro.

5

Un río suena siempre cerca.
Ha cuarenta años que lo siento.
Es canturía de mi sangre
o bien un ritmo que me dieron.

O el río Elqui de mi infancia
que me repecho y me vadeo.
Nunca lo pierdo; pecho a pecho,
como dos niños nos tenemos.

6

Cuando sueño la Cordillera,
camino por desfiladeros,
y voy oyéndolos, sin tregua,
un silbo casi juramento.

7

Veo al remate del Pacífico
amoratado mi archipiélago,
y de una isla me ha quedado
un olor acre de alción muerto.

8

Un dorso, un dorso grave y dulce,
remata el sueño que yo sueño.
Es al final de mi camino
y me descanso cuando llego.

Es tronco muerto o es mi padre,
el vago dorso ceniciento.
Yo no pregunto, no lo turbo.
Me tiendo junto, callo y duermo.

9

Amo una piedra de Oaxaca
o Guatemala, a que me acerco,
roja y fija como mi cara
y cuya grieta da un aliento.

Al dormirme queda desnuda;
no sé por qué yo la volteo.
Y tal vez nunca la he tenido
y es mi sepulcro lo que veo.

PAN

A Teresa y Enrique Díez-Canedo

Dejaron un pan en la mesa,
mitad quemado, mitad blanco,
pellizcado encima y abierto
en unos migajones de ampo.

Me parece nuevo o como no visto,
y otra cosa que él no me ha alimentado,
pero volteando su miga, sonámbula,
tacto y olor se me olvidaron.

Huele a mi madre cuando dio su leche,
huele a tres valles por donde he pasado:
a Aconcagua, a Pátzcuaro, a Elqui,
y a mis entrañas cuando yo canto.

Otros olores no hay en la estancia
y por eso él así me ha llamado;
y no hay nadie tampoco en la casa
sino este pan abierto en un plato,
que con su cuerpo me reconoce
y con el mío yo reconozco.

Se ha comido en todos los climas
el mismo pan en cien hermanos;
pan de Coquimbo, pan de Oaxaca,
pan de Santa Ana y de Santiago.

En mis infancias yo le sabía
forma de sol, de pez o de halo,
y sabía mi mano su miga
y el calor de pichón emplumado.

Después le olvidé, hasta este día
en que los dos nos encontramos,
yo con mi cuerpo de Sara vieja
y él con el suyo de cinco años.

Amigos muertos con que comíalo
en otros valles, sientan el vaho
de un pan en septiembre molido
y en agosto en Castilla segado.

Es otro y es el que comimos
en tierras donde se acostaron.
Abro la miga y les doy su calor;
lo volteo y les pongo su hálito.

La mano tengo de él rebosada
y la mirada puesta en mi mano;
entrego un llanto arrepentido
por el olvido de tantos años,
y la cara se me envejece
o me renace en este hallazgo.

Como se halla vacía la casa,
estemos juntos los reencontrados,
sobre esta mesa sin carne y fruta,
los dos en este silencio humano,
hasta que seamos otra vez uno
y nuestro día haya acabado.

PAÍS DE LA AUSENCIA

A Ribeiro Couto

País de la ausencia
extraño país,
más ligero que ángel
y seña sutil,
color de alga muerta,
color de neblí,
con edad de siempre,
sin edad feliz.

No echa granada,
no cría jazmín,
y no tiene cielos
ni mares de añil.
Nombre suyo, nombre,
nunca se lo oí,
y en país sin nombre
me voy a morir.

Ni puente ni barca
me trajo hasta aquí.
No me lo contaron
por isla o país.
Yo no lo buscaba
ni lo descubrí.

Parece una fábula
que ya me aprendí,
sueño de tomar
y de desasir.
Y es mi patria donde
vivir y morir.

Me nació de cosas
que no son país;
de patrias y patrias
que tuve y perdí;
de las criaturas
que yo vi morir;
de lo que era mío
y se fue de mí.

Perdí cordilleras
en donde dormí;
perdí huertos de oro
dulces de vivir;
perdí yo las islas
de caña y añil,
y las sombras de ellos
me las vi ceñir
y juntas y amantes
hacerse país.

Guedejas de nieblas
sin dorso y cerviz,
alientos dormidos
me los vi seguir,
y en años errantes
volverse país,
y en país sin nombre
me voy a morir.

ORILLAS DEL MAR SALOBRE

Orillas del mar salobre
tengo ganas de llorar.
Me tengo yo mis patrias
de otro lado del mar.

Patria de la Cordillera
y del árbol del pan.
Patria del indio eterno
y patria del maizal.

Orillas del mar demente
tengo ganas de gritar
todos los bienes quedan
del otro lado del mar.

Están soles acérrimos
y lunas de metal,
está toda la vida
en su bien y en su mal.

Orillas del mar sordo
yo digo la verdad,
entre mares yo tengo
el extranjero mar.

Del otro lado tengo
el dormir y el soñar,
está toda la vida
y está la eternidad.

HACE SESENTA AÑOS

Largo cuento de mis años,
historia loca de mis días.
Si no lo digo no lo creen
y contada sabe a mentira.

Ha sesenta años que en el Valle
«de leche y mieles» se nacía
y una montaña me miraba
y una madre me sonreía.

Ha sesenta años, Valle mío,
yo era un vagido que tenía
cabellos de aire, mirada de agua,
y ojos que rutas no sabían.

Son sesenta años huidos
y cuento mío se diría
que me dieron gesto y mirada
y un vagido que ni me oían.

Y me dieron los elementos
las estaciones y los días.
Hace tanto que... no me acuerdo.
La Madre sí se acordaría.

Hace tanto que no recuerdo
y tan poco que bien podría...
Pero si ella me lo contase,
¡la creería, la creería!

Cuenta tú, mi contadora
que dices imaginerías,
lo del bulto pequeñito,
de la gaviota, la chinchilla.

Cuéntalo tú, mujer del Valle
que me besaste el primer día
entregándome al Dios Padre
como a su huerta y a su viña.

Si pudieses volver, la Madre
o la Marta que bien mecía,
me contases como una fábula
en cada noche y hasta el día.

Pero a los mares que navego
que son mares de extranjería
y a las tierras que me encamino
con cien nombres de lejanía.

¿Cómo pueden llegar las dos
madres de nube o de neblina
llamadas con grito vano
y sólo en sueño conocidas?

LA EXTRANJERA

A Francis de Miomandre

«Habla con dejo de sus mares bárbaros,
con no sé qué algas y no sé qué arenas;
reza oración a dios sin bulto y peso,
envejecida como si muriera.
En huerto nuestro que nos hizo extraño,
ha puesto cactus y zarpadas hierbas.
Alienta del resuello del desierto
y ha amado con pasión de que blanquea,
que nunca cuenta y que si nos contase
sería como el mapa de otra estrella.
Vivirá entre nosotros ochenta años,
pero siempre será como si llega,
hablando lengua que jadea y gime
y que le entienden sólo bestezuelas.
Y va a morirse en medio de nosotros,
en una noche en la que más padezca,
con sólo su destino por almohada,
de una muerte callada y *extranjera*.»

OTROS MARES, OTROS MONTES

VINE DE OSCURA PATRIA

Vine de oscura patria y claro dueño
sin saberlo o, sabiendo vagamente,
sin escoger ni valle ni faena
y vine ciega y ciega voy y vengo.
¡Quién me diera el saber por qué camino
en turno de praderas y espinales!
¿Por qué me hablan en lenguas que no entiendo
y no más que una vez la que me dieron?
¿Por qué nombres me dan que no son míos
y sólo en el soñar el verdadero?

Me he de interrogar sin que respondan.
Me dan el pan y nunca me contestan.
Lechos me dan, y fábulas me cuentan
para hacerme dormir o despertarme.
Pero lo que me aprendo cuando sueño
aunque es lo mío yo me lo reniego.

Una densa embriaguez me dio la Tierra
desde que abrí los ojos y la tuve,
fue un entenderle las palabras mágicas,
«océanos», «montañas», y «pinares».
Pero al silbo de un niño que me llame
o a la voz del hermano, acudo, acudo
y pierdo el tronco angélico de musgos.
que me tenía, o la arena salada
en donde sin memoria, era dichosa.

PAISAJES DE LA PATAGONIA

A Don Juan Contardi

I. DESOLACIÓN

La bruma espesa, eterna, para que olvide dónde
me ha arrojado la mar en su ola de salmuera.
La tierra a la que vine no tiene primavera:
tiene su noche larga que cual madre me esconde.

El viento hace a mi casa su ronda de sollozos
y de alarido, y quiebra, como un cristal, mi grito.
Y en la llanura blanca, de horizonte infinito,
miro morir inmensos ocasos dolorosos.

¿A quién podrá llamar la que hasta aquí ha venido
si más lejos que ella sólo fueron los muertos?
¡Tan sólo ellos contemplan un mar callado y yerto
crecer entre sus brazos y los brazos queridos!

Los barcos cuyas velas blanquean en el puerto
vienen de tierras donde no están los que son míos;
sus hombres de ojos claros no conocen mis ríos
y traen frutos pálidos, sin la luz de mis huertos.

Y la interrogación que sube a mi garganta
al mirarlos pasar, me desciende, vencida:
hablan extrañas lenguas y no la conmovida
lengua que en tierras de oro mi pobre madre canta.

Miro bajar la nieve como el polvo en la huesa;
miro crecer la niebla como el agonizante,
y por no enloquecer no cuento los instantes,
porque la *noche larga* ahora tan sólo empieza.

Miro el llano extasiado y recojo su duelo,
que vine para ver los paisajes mortales.
La nieve es el semblante que asoma a mis cristales;
¡siempre será su albura bajando de los cielos!

Siempre ella, silenciosa, como la gran mirada
de Dios sobre mí; siempre su azahar sobre mi casa;
siempre, como el destino que ni mengua ni pasa,
descenderá a cubrirme, terrible y extasiada.

DOS HIMNOS

A Don Eduardo Santos

I. SOL DEL TRÓPICO

Sol de los Incas, sol de los Mayas,
maduro sol americano,
sol en que mayas y quichés
reconocieron y adoraron,
y en el que viejos aimaráes
como el ámbar fueron quemados.
Faisán rojo cuando levantas
y cuando medias, faisán blanco
sol pintador y tatuador
de casta de hombre y de leopardo.

Sol de montañas y de valles,
de los abismos y los llanos,
Rafael de las marchas nuestras,
lebrel de oro de nuestros pasos,
por toda tierra y todo mar
santo y seña de mis hermanos.
Si nos perdemos que nos busquen
en unos limos abrasados,
donde existe el árbol del pan
y padece el árbol del bálsamo.

Sol del Cuzco, blanco en la
puna. Sol de México, canto dorado,
canto rodado sobre el Mayab,
maíz de fuego no comulgado,
por el que gimen las gargantas
levantadas a tu viático;
corriendo vas por los azules
estrictos o jesucristianos,

ciervo blanco o enrojecido
siempre herido, nunca cazado.

Sol de los Andes, cifra nuestra,
veedor de hombres americanos,
pastor ardiendo de grey ardiendo
y tierra ardiendo en su milagro,
que ni se funde ni nos funde,
que no devora ni es devorado;
quetzal de fuego emblanquecido
que cría y nutre pueblos mágicos;
llama pasmado en rutas blancas
guiando llamas alucinados.

Raíz del cielo, curador
de los indios alanceados;
brazo santo cuando los salvas,
cuando los matas, amor santo.
Quetzalcóatl, padre de oficios
de la casta de ojo almendrado,
el moledor de los añiles y cañas
y tejedor de algodón cándido.
Los telares indios enhebras
con colibríes alocados
y das las grecas pintureadas
al mujerío de Tacámbaro.
¡Pájaro Roc, plumón que empolla
dos orientes desenfrenados!

Llegas piadoso y absoluto
según los dioses no llegaron,
bandadas de tórtolas blancas,
maná que baja sin doblarnos.
No sabemos qué es lo que hicimos
para vivir transfigurados.
En especies solares nuestros
Viracochas se confesaron,
y sus cuerpos los recogimos
en sacramento calcinado.

A tu llama fié a los míos,
en parva de ascuas acostados;
con un tendal de salamandras
duermen y sueñan sus cuerpos santos.
O caminan contra el crepúsculo,
encendidos como retamos,
azafranes sobre el poniente,
medio Adanes, medio topacios.

Desnuda mírame y reconóceme,
si no me viste en cuarenta años,
con Pirámide de tu nombre,
con la pitahaya y con el mango,
con los flamencos de la aurora
y los lagartos tornasolados.

¡Como el maguey, como la yuca,
como el cántaro del peruano,
como la jícara de Uruápan,
como la quena de mil años,
a ti me vuelvo, a ti me entrego,
en ti me abro, en ti me baño!
Tómame como los tomaste,
el poro al poro, el gajo al gajo,
y ponme entre ellos a vivir,
pasmada dentro de tu pasmo.

Pisé los cuarzos extranjeros,
comí sus frutos mercenarios;
en mesa dura y vaso sordo
bebí hidromieles que eran lánguidos;
recé oraciones morticinas
y me canté los himnos bárbaros,
y dormí donde son dragones
rotos y muertos los Zodíacos.

Te devuelvo por mis mayores
formas y bulto en que me alzaron.
Riégame así con rojo riego;
y ponme a hervir dentro de tu caldo.
Emblanquéceme u oscuréceme
en tus lejías y tus cáusticos.

¡Quémame tú los torpes miedos,
sécame lodos, avienta engaños;
tuéstame hablas, árdeme ojos,
sollama boca, resuello y canto,
límpiame oídos, lávame vistas,
purifica manos y tactos!

Hazme las sangres y las leches,
y los tuétanos, y los llantos.
Mis sudores y mis heridas
sécame en lomos y en costados.
Y otra vez íntegra incorpórame
a los coros que te danzaron,
los coros mágicos, mecidos
sobre Palenque y Tihuanaco.

Gentes quechuas y gentes mayas
te juramos lo que jurábamos.
De ti rodamos hacia el Tiempo
y subiremos a tu regazo;
de ti caímos en grumos de oro,
en vellón de oro desgajado,
y a ti entraremos rectamente
según dijeron Incas Magos.

¡Como racimos al lagar
volveremos los que bajamos,
como el cardumen de oro sube
a flor de mar arrebatado
y van las grandes anacondas
subiendo al silbo del llamado!

II. CORDILLERA

¡Cordillera de los Andes,
Madre yacente y Madre que anda,
que de niños nos enloquece
y hace morir cuando nos falta;
que en metales y que en amniantos
nos aupaste las entrañas;

151

hallazgo de los primogénitos,
de Mama Ocllo y Manco Cápac,
tremendo amor y alzado cuerpo
del hidromiel de la esperanza!

Jadeadora del Zodíaco,
sobre la esfera galopada;
corredora de meridianos,
piedra Mazzepa que no se cansa,
Atalanta que en la carrera
es el camino y es la marcha,
y nos lleva pecho con pecho,
a lo madre y lo marejada,
a maná blanco y peán rojo
de nuestra bienaventuranza.

Caminas, madre, sin rodillas,
dura de ímpetu y confianza;
con tus siete pueblos caminas
en tus faldas acigüeñadas;
caminas la noche y de día,
desde mi Estrecho a Santa Marta,
subiendo de las aguas últimas
el unicornio del Aconcagua.

Pasas el valle de mis leches,
amoratando la higuerada;
cruzas el cíngulo de fuego
y los ríos Dioscuros lanzas;
pruebas Sargassos de salmuera
y desciendes alucinada.

Viboreas de las señales
del camino del Inca Huayna,
veteada de ingenierías
y tropeles de alpaca y llama,
de la hebra del indio atónito
y del ¡ay! de la quena mágica.
Donde son valles, son dulzuras;
donde repechas, das el ansia;
donde azurean altiplanos
es la anchura de la alabanza.

Extendida como una amante
y en los soles reverberada,
punzas al indio y al venado
con el jengibre y con la salvia;
en las carnes vivas te oyes
lento hormiguero, sorda vizcacha;
oyes al puma ayuntamiento
y a la nevera despeñada,
y te escuchas el propio amor
en tumbo y tumbo de tu lava.

Bajan de ti, bajan cantando,
como de nupcias consumadas,
tumbadores de las caobas
y rompedor de araucarias.

Aleluya por el tenerte
para cosecha de las fábulas,
alto ciervo que vio san Jorge
de cornamenta aureolada
y el fantasma del Viracocha,
bulto de niebla y vaho de habla.
¡Por las noches nos acordamos
de bestia negra y plateada,
leona que era nuestra madre
y de pie nos amamantaba!

En los umbrales de mis casas,
tengo tu sombra amoratada.
Hago, sonámbula, mis rutas,
en seguimiento de tu espalda,
o devanándome en tu niebla
o tanteando un flanco de arca;
y la tarde me cae al pecho
en una madre desollada.
¡Ancha pasión, por la pasión
de hombros de hijos jadeada!

¡Carne de piedra de la América,
halalí de piedras rodadas,

sueño de piedra que soñamos,
piedras del mundo pastoreadas;
enderezarse de las piedras
para juntarse con sus almas!
¡En el cerco del valle de Elqui,
en luna llena de fantasma,
no sabemos si somos hombres
o somos peñas arrobadas!

Vuelven los tiempos en sordo río
y se les oye la arribada,
a la meseta de los Cuzcos
que es la peana de la gracia.
Silbaste el silbo subterráneo
a la gente color del ámbar;
y desatamos tu mensaje
enrollado de salamandra;
y el destino que es de nosotros
nos exhalas en bocanada.

¡Anduvimos como los hijos
que perdieron signo y palabra,
como beduino o ismaelita,
como las peñas hondeadas,
aventados o envilecidos,
gajos pisados de vid santa,
hasta el día de recobrarnos
como amantes que se encontraran!

Otra vez somos los que fuimos,
cinta de hombres, anillo que anda,
viejo tropel, larga costumbre
en derechura a la peana,
donde quedó la madre augur
que desde cuatro siglos llama,
en toda noche de los Andes
y con el grito que es lanzada.

Otra vez suben nuestros coros
y el roto anillo de la danza,
por caminos que eran de chasquis

y en pespunte de llamaradas.
Son otra vez adoratorios
jaloneando la montaña
y la espiral en que columpian
mirra-copal, mirra-copaiba,
¡para tu gozo y nuestro gozo
balsámica y embalsamada!

El fueguino sube al Caribe
por tus punas espejeadas;
a criaturas de salares
y de pinar, lleva a las palmas.
Nos devuelves al Quetzalcóatl
acarreándonos al maya,
y en las mesetas cansa-cielos,
donde es la luz transfigurada,
braceadora, ata tus pueblos
como juncales de sabana.

¡Suelde el caldo de tus metales
los pueblos rotos de tus abras;
cose tus ríos vagabundos,
tus vertientes acainadas;
purifícanos y condúcenos;
a hielo y fuego purifícanos!
Te llamemos en aleluya
y en letanía arrebatada:
¡Especie eterna y suspendida,
alta-ciudad — torres-doradas,
pascual arribo de tu gente,
arca tendida de la Alianza!

EL IXTLAZIHUATL

El Ixtlazihuatl mi mañana vierte;
se alza mi casa bajo su mirada,
que aquí a sus pies me reclinó la suerte
y en su luz hablo como alucinada.

Te doy mi amor, montaña mexicana;
como una virgen tú eres deleitosa;
sube de ti hecha gracia la mañana,
pétalo a pétalo abre como rosa.

El Ixtlazihuatl con su curva humana
endulza el cielo, el paisaje afina.
Toda dulzura de su dorso mana;
el valle en ella tierno se reclina.

Está tendida en la ebriedad del cielo
con laxitud de ensueño y de reposo,
tiene en un pico un ímpetu de anhelo
hacia el azul supremo que es su esposo.

Y los vapores que alza de sus lomas
tejen su sueño que es maravilloso:
cual la doncella y como la paloma
su pecho es casto pero se halla ansioso.

Mas tú la andina, la de greña oscura,
mi Cordillera, la Judith tremenda,
hiciste mi alma cual la zarpa dura
y la empapaste en tu sangrienta venda.

Y yo te llevo cual tu criatura.
Te llevo aquí en mi corazón tajeado,
que me crié en tus pechos de amargura
¡y derramé mi vida en tus costados!

MAR CARIBE

A E. Ribera Chevremont

Isla de Puerto Rico,
isla de palmas,
apenas cuerpo, apenas,
como la Santa,
apenas posadura
sobre las aguas;
del millar de palmeras
como más alta,
y en las dos mil colinas
como llamada.

La que como María
funde al nombrarla
y que, como paloma,
vuela nombrada.

Isla en amaneceres
de mí gozada,
sin cuerpo acongojado,
trémula de alma;
de sus constelaciones
amamantada,
en la siesta de fuego
punzada de hablas,
y otra vez en el alba,
adoncellada.

Isla en caña y cafés
apasionada;
tan dulce de decir
como una infancia;
bendita de cantar

como un ¡hosanna!
sirena sin canción
sobre las aguas,
ofendida de mar
en marejada:
¡Cordelia de las olas,
Cordelia amarga!

Seas salvada como
la corza blanca
y como el llama nuevo
del Pachacámac,
y como el huevo de oro
de la nidada,
y como la Ifigenia,
viva en la llama.

Te salven los Arcángeles
de nuestra raza:
Miguel castigador.
Rafael que marcha,
y Gabriel que conduce
la hora colmada.

Antes que en mí se acaben
marcha y mirada;
antes que carne mía
ya sea fábula;
antes que mis rodillas
vuelen en ráfagas.

LA PALMERA

Me hallé en Panamá la palmera,
cosa tan alta yo no sabía.
A la Minerva del pagano
y a la Virgen se parecía.
Me dieron el mejor cielo.
(De verla tan digna sería.)
Le regalaron solo veranos
y unos verdes de Epifanía
y le dijeron que alimentase
al Oriente y la raza mía.
Yo la miraba embelesada
los penachos de su alegría.
Dame el agua de veras, le dije
y la miel de mi regalía,
y la cuerda más fuerte
con la cera que es pía.
El agua para mi bautismo,
la miel para malos días,
la cuerda de liar fieras,
la cera cuando mi agonía,
que me puedo morir de noche
y el alto cirio llega al día.
Yo le hablaba como a mi madre
y el corazón se me fundía,
yo me abrazaba a la cuelluda
y la cuelluda me cubría.
La palmera en el calor
era una isla de agua viva
y entendiéndome como una madre
sobre mi siesta se mecía.

PALMAS DE CUBA

Isla Caribe y Siboney,
tallo de aire, peana de arena,
como tortuga palmoteada,
de conjunciones de palmeras,
clara en los turnos de la caña,
sombría en discos de la ceiba.

Palmas reales doncelleando
a medio cielo y a media tierra,
por el ciclón arrebatadas
y suspendidas y devueltas.

Corren del Este hacia el Oeste.
Por piadosas siempre regresan.
El cielo habla a Siboney
por el cuello de las palmeras
y contesta la Siboney
con avalancha de palmeras.

Si no las hallo quedo huérfana,
si no las gozo estoy aceda.
Duermo mi siesta azuleada
de un largo vuelo de cigüeñas,
y despierto si me despiertan
con su silbo de tantas flechas.

Los palmares de Siboney
me buscan, me toman, me llevan.
La palma columpia mi aliento;
de palmas llevo marcha lenta.
Tránsito y vuelo de palmeras
éxtasis lento de la Tierra.

Y en el sol acre, pasan, pasan,
y yo también pasé con ellas.

Y me llevan sus escuadrones
como es que lleva la marea
y me llevan ebria de viento
con las potencias como ebrias.

AVENIDA DE ENCINAS I

Encinas de California,
viejas, claras, duras, anchas,
que el Demiurgo quiso quietas
y se pusieron en marcha.
Todas las cabezas Déboras
y caminantes las sayas.
Si ando, vosotras andáis,
si paro, cubrís mi espalda.

Los troncos elefantinos
cantan con tres ramas anchas,
las ramas echan los gajos
en abejas enjambradas.

La ruta las quiere y tiene
y las encinas no las aman,
con la copa hablan a las nubes,
con medio cuerpo se apartan,
el color de eternidades,
saudadosas y aceradas.

Toca la una a la otra
para calentar sus hablas
y el siseo inacabable
sube y baja la llanada.

Sombras grandes, cosa viva,
rotas y enteras como almas
que caen, cubren y no tocan,
madrinas de mis espaldas,
mientras que yo cargue bulto,
después serán liberadas.

Marchan forzadas la ruta
como quien anda sonámbula
y las copas sometidas

suspiran cuando la acaban.
A las palmas dan la ruta
como quien suelta la carga.

También yo quiero, también,
ser manumisa y liberada,
por eso es que las camino
por si acabo donde acaban,
camaradas de ruta,
brazos bajos, manos dadas.

Se tienen y no se dejan
aunque vayan empujadas,
a mar, a sierra, a desierto
y corran a la muerte hondeadas.
De dormidas no se sueltan
y blanquean del ir sonámbulas.

El rumor oye al rumor,
la azorada a la azorada,
las más sedientas refrescan
con un gajo a las abrasadas,
y el amor de ellas se oye
como la marea que habla.

Al hueco de la caída
todas vuelven la mirada,
y el azul de los suspiros
y el batir de una llamada,
dura y dura hasta que sube
el dardo de la invocada.

Donde la hicieron quedó
la Encina que es consumada.
Sus copas blancas la miran,
la ansían y la cantan
y no gimen cuando el viento,
cuando el fuego, cuando el hacha.

PAYSANE PROVENZAL

En invierno mi mano ociosa
va aplicando ceniza y sales buenas
a los troncos de duraznos:
penitencias para renuevos.

Y mientras vienen los abriles
que no dejan pasar los vientos
me caliento las tristes manos
en la testa del crisantemo.

En primavera van cortando
rosas de Francia mis aceros
tic tac — y caen a mi brazo
rosas de coso y de consuelo.

Mi cabeza que ya envejece
se queda bajo del almendro
blanco rosado como la leche
que hubiera sido de mi seno.

En verano corta el melón
perfumado, liso y perfecto
mi cuchillo de Magallanes
que allá partía los corderos.

Y me duermo la siesta blanca
junto a la cría en tendedero
de los gusanos de seda
casi salidos de mi pecho.

En mi frente que arde
pongo la hoja de cuatro dedos
de la biznaga coquimbana
que cojo húmeda y entrego seca.

Al otoño en los olivares,
agazapado anda mi cuerpo
recogiendo aceitunas negras
en refajo color de fuego.

Y mascando las postrimeras,
de aceite eterno me sustento
y como el quechua feo y dulce
mi alma es de oro, con labios negros.

Me arrimo a pechos otoñales,
a mi Montaigne, al fray Luis bueno
y en su olor de manzanas viejas
perdono vivos, perdono muertos.

Y morir me parece fácil
como inclinar el tonel lento
del suave aceite, y que se vaya
sin más rumor que el de mi aliento.

RETORNO RENEGADO

VOLVER, NO

No quiero volver a la tierra
donde tuve cuchilla y duelo.
Cuando en mis sueños hago camino
y allá me llevan, yo me devuelvo.
Ya viví en ella, ya la supe,
ya le quebré con la mano
la rama helada, el fruto seco.

No quiero volver a cruzarla
sola y con rostro dado e indefenso
la calma ni la borrasca,
las salinas ni espacios hueros.
Sus esponjas de mar y su niebla
para mi memoria deseo.

No me sirven para ella,
no me valen si yo vuelvo,
el cuerpo por diferente,
el amor por extranjero.
Dios da tierra, la da entera
y ancha como el estremecimiento.
No quiero ir donde dicen
en vano el Padrenuestro.

Las casas son muchas, pocas las puertas,
la troje grande, las manos angostas.
Una diviso y otra hace señas
y otra acostada va en el pecho.
No quiero ir donde me acuerde
y llore sangre mi cuerpo
y sea paja el mundo desabrido
como las motas del desierto,
y mi pobre alma solo sea
orfandad, desvalimiento.

No quiero, no, la baya huera,
el aire sin voces y el Cristo muerto.
Quede atrás; vayan los otros,
árabe, curdo, samoyedo,
y no tengan ni una noche de sed
ni jornada con hambre y desaliento
y les vele Jesús en los umbrales,
la sangre, el candil y el lecho.

LA REMEMBRANZA

Desde que me recuerdo en esta carne
y esta caña de sangre, yo te busco
y desvariada voy por la memoria
que no me deja nunca y que, de aguda,
la vigilia y el sueño me alancea.

Y cuando se derrumba esa memoria,
como el ciervo alcanzado me desangro
y valgo menos, tirada en el polvo,
que el carrizo o la larva pisoteada,
y vuelvo a ser la Hija que no sabe
el rumbo del Hogar y no recibe
en cada noche hostil su derrotero.

O soy la niebla de rodillas rotas
gateando por dunas que no aúpan,
burla del caminante o del cabrero,
o me siento racimo desgajado
que, sin vendimia, cayó de la cepa.

Como una isla cortada por tajo
y que nos lleva consigo, recobro
a veces un país que ya me tuvo
sin veleidad de locas estaciones
y el día no llamado que regreso,
y la bandada como de albatroses
de mis muertos me encuentra y reconoce
y toma y lleva en río poderoso.

Digo, les digo: llevadme, llevadme,
al eterno, al país sin estaciones
y no desmayan plegaria ni canto
y me aguardan sin olvido y mengua.

¡A qué la rueda de las estaciones,
a qué la vana lentitud del año
con su torpe ración de noche y día,
la raya mentirosa de la ruta
y el sol devuelto que nada devuelve
ni la voz reidora de la madre
ni el perfil dolorido de la hermana!

Me acuerdo, sí, cuando el día y la hora
benditos son y todo lo devuelven.
No pesan ni la sangre ni el sentido;
nombre no tengo, edad, caña adamita,
y cuento con nudillos de indio quechua
lo que resta de noche y cautiverio.

Y de pronto se rompe la memoria
como cristal infiel de jarro herido.
Y es otra vez el costado en la peña
que sangra sin encía, y muda mata.
Y es mi ancha aventura arrebatada
como por fraude, befa o mofa oscura,
y el yacer en la arena innumerable,
al duro sol, con dogal de horizonte,
redoblados la sed y el desvarío.

No me retires este corto vaho,
este harapo, esta brizna de memoria
incierta que se allega y se rehúye,
silbo tuyo que se hace y se deshace,
palabra que se allega y nada dice
o se deshace dejándome sílabas
que quedo balbuceando sin sentido
o que voy repitiendo, como el loco.
Memoria, quiero ahora, más memoria
para pasar el vago y corto sueño,
a un soñar poderoso que la sangre
no pueda sacudir, al sueño denso
que no partan el grito ni la flecha.
¡No más volver como el ciervo o el gamo
que regresan al Valle de su leche!

EL VIENTO OSCURO
(Segunda versión)

Ya tumbó el viento extranjero
los costados de mi casa.
Llegó como la marea
manchado y fétido de algas
y ya encontró y aventó
el pino de Alepo de mi gracia.
Meza las casas de los hombres
donde ve una luz dorada
que baña y calienta a un niño
y a una mujer con plegaria.

El vagabundo no sabe
ni su raza ni su entraña
Entra huyendo, rasa los muros,
hondea manojos de caña.
Traen astillas, polvo y sangre,
sus piernas amoratadas,
hipa y se tuerce beodo,
quiere hablar y no alcanza palabras.
Puja en las puertas inocentes
y salta en onza las terrazas.

Mi pino de Alepo no tiene
ya ni noche ni mañana,
gloria de estío no lleva
ni su sombra embalsamada.

El ladrón de la tierra alta
muerda la puerta, abra y despoje,
huronee en los cimientos,
y demórese en el arca,
beba el agua que él bebía,
quiebre mis ojos que lo miraban,

dance en el abra de nuestra dicha
y huya injuriando su carga
y deje roto como la cobra
mi camino de mañana.

Yo no quiero abrir los ojos
y reaprenderme esta casa
ni recibir la luz nueva
sin mi amor resucitado.
Quiero dormir del sueño grande
que duermen las piedras lajas
y quiero en la Eternidad,
con tierra y memorias anuladas,
sin el tiempo que me apure
y sin viento que lo abata,
ver subir mi pino de Alepo,
íntegro y verde rama a rama,
verlo subir del Oriente,
del Norte o sólo de mi alma
y que sus brazos me reconozcan
y que su ruedo me haga la Patria.

UNA PALABRA

Yo tengo una palabra en la garganta
y no la suelto, y no me libro de ella
aunque me empuja su empellón de sangre.
Si la soltase, quema el pasto vivo,
sangra al cordero, hace caer al pájaro.

Tengo que desprenderla de mi lengua,
hallar un agujero de castores
o sepultarla con cal y mortero
porque no guarde como el alma el vuelo.

No quiero dar señales de que vivo
mientras que por mi sangre vaya y venga
y suba y baje por mi loco aliento.
Aunque mi padre Job la dijo, ardiendo,
no quiero darle, no, mi pobre boca
porque no ruede y la hallen las mujeres
que van al río, y se enrede a sus trenzas
o al pobre matorral tuerza y abrase.

Yo quiero echarle violentas semillas
que en una noche la cubran y ahoguen,
sin dejar de ella el cisco de una sílaba.
O rompérmela así, como la víbora
que por mitad se parte entre los dientes.

Y volver a mi casa, entrar, dormirme,
cortada de ella, rebanada de ella,
y despertar después de dos mil días
recién nacida de sueño y olvido.

¡Sin saber ¡ay! que tuve una palabra
de yodo y piedra-alumbre entre los labios
ni poder acordarme de una noche,

de la morada en país extranjero,
de la celada y el rayo a la puerta
y de mi carne marchando sin su alma!

LA CASA VACÍA I

Volví a la casa: estaba
alzada y vacía,
cápsula dura,
fraudulenta y baldía.

Sería verdadera
puesto que me cubría
y como criatura
hablada respondía.

Estaban lecho y mesas
y ropas extendidas.

Todo con formas
lo tenía ella
y nada había
y a mí tampoco
tenía la baldía.

A la hora de la siesta
sus ladrillos ardían
y a la noche cerrada
sus puertas y cerrojos
mis manos le sabían.

EL REGRESO

Desnudos volveremos a nuestro Dueño,
manchados como el cordero
de matorrales, gredas, caminos,
y desnudos volveremos al abra
cuya luz nos muestra desnudos:
y la Patria del arribo
nos mira fija y asombrada.

Pero nunca fuimos soltados
del coro de las Potencias
y de las Dominaciones,
y nombre nunca tuvimos
pues los nombres son del Único.

Soñamos madres y hermanos,
rueda de noche y días
y jamás abandonamos
aquel día sin soslayo.
Creímos cantar, rendirnos
y después seguir el canto;
pero tan sólo ha existido
este himno sin relajo.

Y nunca fuimos soldados
ni maestros ni aprendices,
pues vagamente supimos
que jugábamos al tiempo
siendo hijos de lo Eterno.
Y nunca esta Patria dejamos,
y lo demás, sueños han sido,
juegos de niños en patio inmenso:
fiestas, luchas, amores, lutos.

Y la muerte fue mentira
que la boca silabeaba;

muertes en lechos o caminos,
en los mares o en las costas;
pequeñas muertes en que cerrábamos
ojos que nunca se cerraron.

Dormidos hicimos rutas
y a ninguna parte arribábamos,
y al Ángel Guardián rendimos
con partidas y regresos.

Y los Ángeles reían
nuestros dolores y nuestras dichas
y nuestras búsquedas y hallazgos
y nuestros pobres duelos y triunfos.

Caíamos y levantábamos,
cocida la cara de llanto,
y lo reído y lo llorado,
y las rutas y los senderos,
y las partidas y los regresos,
las hacían con nosotros,
el costado en el costado.

Mandaban y obedecíamos
con rostro iracundo o dichoso
y el arribo no llegaba
y unas dichas casquivanas
si asomaban, no descendían.

Y los oficios jadeados
nunca, nunca los aprendíamos:
el cantar, cuando era el canto,
en la garganta roto nacía.

Y sólo en el sueño profundo
como en piedra santa dormíamos
y algo soñábamos que entendíamos
para olvidarlo al otro día.
y recitábamos Padrenuestros
a los Ángeles que sonreían.

De la jornada a la jornada
jugando a la huerta, a ronda, o canto,
al oficio sin Maestro,
a la marcha sin camino,
y a los nombres sin las cosas
y a la partida sin el arribo
fuimos niños, fuimos niños,
inconstantes y desvariados.

Y baldíos regresamos,
¡tan rendidos y sin logro!
balbuceando nombres de «patrias»
a las que nunca arribamos.
Y nos llamaban forasteros
¡y nunca hijos, y nunca hijas!

REGRESO I

Regreso desde una patria
que ninguno cuenta
y traigo mi rescatada
íntegra cosecha.

Yo caí a golpe de azada,
con mi madre muerta.
Se desmoronó mi carne
con la carne de ella.

Ya nunca más somos dos,
que aquélla, que ésta,
de correr prontas en agua
soltada de presa.

Me habían cortado voz,
ánimo y potencias
como cortan en mujer
muerta las trenzas.

En dos platillos bajaron
nuestras dos cabezas,
como granada y granada
que sorbe la tierra.

Parece que me cortaron
mortaja, maderas,
y que midieron los palmos
que mi cuerpo entrega.

Me habrán alzado y traído
mis hermanas muertas,
mujeres del Valle de Elqui
que en lo eterno juegan:
bailarían sobre mí
sus sayas eternas.

Y un humo canta en mi alma
que ya nunca cesa
y tuve en mi pecho, juntas,
sílice y arenas.

Mi corazón y mis pulsos
en arroyo suenan,
un canto se cantan en mí
que ya nunca cesa
como si el sol y los soles
desde mí subieran...

Mi cuerpo como el manojo
de las lilas tiembla
con un temblor que no tuvo
en danzas ni fiestas.

Como ser dueña de todo
en quedando sierva
y no comer ni beber
de no estar hambrienta.

Estoy como muy anciana
y como muy tierna.
La misma cosa reír
que llorar me cuesta.

Maravilla que no saben,
Navidad tremenda,
haber estado en sepulcro
y volver entera.

Todavía de la lucha oscura
dentro de una huesa,
traigo tajeado el rostro
por dientes de ruedas.

Pero vuelven en tropel,
al pecho me llegan

mis gentes que de una a una
llorarían si encontrasen
a la que regresa.

EL FANTASMA

En la dura noche cerrada
o en la húmeda mañana tierna,
sea invierno, sea verano,
esté dormida, esté despierta.

Aquí estoy si acaso me ven,
y lo mismo si no me vieran,
queriendo que abra aquel umbral
y me conozca aquella puerta.

En un turno de mando y ruego,
y sin irme, porque volviera,
con mis sentidos que tantean
sólo este leño de una puerta.

Aquí me ven si es que ellos ven,
y aquí estoy aunque no supieran,
queriendo haber lo que yo había,
que como sangre me sustenta;

En país que no es mi país,
en ciudad que ninguno mienta,
junto a casa que no es mi casa,
pero siendo mía una puerta.

Detrás la cual yo puse todo,
yo dejé todo como ciega,
sin traer llave que me conozca
y candado que me obedezca.

Aquí me estoy, y yo no supe
que volvería a esta puerta
sin brazo válido, sin mano dura
y sin la voz que mi voz era;

Que guardianes no me verían
ni oiría su oreja sierva,
y sus ojos no entenderían
que soy íntegra y verdadera.

Que anduve lejos y que vuelvo
y que yo soy, si hallé la senda,
me sé sus nombres con mi nombre
y entre puertas hallé la puerta.

¡A buscar lo que les dejé,
que es mi ración sobre la tierra,
de mí respira y a mí salta,
como un regato, si me encuentra!

A menos que él también olvide
y que tampoco entienda y vea
mi marcha de alga lamentable
que se retuerce contra su puerta.

Si sus ojos también son esos
que ven sólo las formas ciertas,
que ven vides y ven olivos
y criaturas verdaderas;

Y de verdad yo soy la Larva
desgajada de otra ribera,
que resbala país de hombres
con su hueso de sueño y niebla;

¡Que no raya su pobre llano,
y no lo arruga de su huella,
y que no echa vaho de jadeo
sobre la piedra de una puerta!

¡Que dormida dejó su carne,
como el árabe deja la tienda,
y por la noche, sin soslayo,
llegó a caer sobre su puerta!

LA PATRIA ESPECTRAL

HALLAZGO

Bajé por espacio y aires
y más aires, descendiendo,
sin llamado y sin llamada
por la fuerza del deseo,
y a más que yo descendía
era mi caer más recto
y era mi gozo más vivo
y mi adivinar más cierto,
y arribo como la flecha
éste mi segundo cuerpo
en el punto en que comienzan
Patria y Madre que me dieron.

¡Tan feliz que hace, la marcha!
Me ataranta lo que veo,
lo que miro o adivino,
lo que busco y lo que encuentro;
pero como fui tan otra
y tan mudada regreso,
con temor ensayo rutas,
peñascales y repechos,
el nuevo y largo respiro,
los rumores y los ecos.
O fue loca mi partida
o es loco ahora el regreso;
pero ya los pies tocaron
bajíos, cuestas, senderos,
gracia tímida de hierbas
y unos céspedes tan tiernos
que no quisiera doblarlos
ni rematar este sueño
de ir sin forma caminando
la dulce parcela, el reino
que me tuvo sesenta años
y me habita como un eco.

Voy en delgadez de niebla
pero sin embargo llevo
las facciones de mi cara,
lo quebrantado del peso,
intacta la voluntad
pero el rostro medio ciego
y respondo por mi nombre
aunque ya no sea aquélla.

ENCUENTRO DEL CIERVO

Iba yo, cruza-cruzando
matorrales, peladeros,
viéndome enojos de quiscos
y escuadrones de hormigueros
cuando saltaron tus ojos,
y saltó tu bulto entero
de un entrevero de helechos,
tu cuello y tu cuerpecillo
en la luz, cual pino nuevo.

Naciste en el palmo último
de los Incas, tú, mi ciervo,
donde empezamos nosotros
y donde se acaban ellos;
y ahora tú me guías
o soy yo la que te llevo
¡qué bien entender tú el alma
y yo acordarme del cuerpo!

Son muy tristes, mi chiquito,
las rutas sin compañero:
parecen largo bostezo,
jugarretas de hombre ebrio.
No las tomes, no las sigas
que son también mataderos.

Bien que te escoges y tomas
quebrada bosque y entreveros.
Preguntadas no responden
al extraviado ni al ciego
y parecen la Canidia
que sólo juega a perdernos.
Pero tú les sabes, sí,
malicias y culebreos…

Vamos caminando juntos
así, en hermanos de cuento,
tú echando sombra de niño,
yo apenas sombra de helecho…

(¡Qué bueno es en soledades
que aparezca un Ángel-ciervo!)

Será porque donceleas
en el escudo chileno
que en viéndome me acudiste
y me llevas o te llevo
y el rumbo nos señalamos
con la alzada de tu cuello.

No quieren las gentes ya
fiarse por los senderos
al volar de unas palomas
o al cuello alzado de un ciervo
aunque un cervato los guíe
mejor que andante embustero.

A ver si andando y quemando
legua y leguas aprendemos,
que el ciervo nace baqueano
en rumbos, sendas y riesgos.

Bien mereces que te aúpe
por lo que tuve de reino.
y te muestre a los demiurgos
que con barro y luz te hicieron.
Más que los hombres mereces
correr feliz por los cielos
sin que el espinal te atrape
o que te entreguen los senderos,
tú, Ciervo que has matado
y solo rumias el viento…

Vuélvete, pues, huemulillo,
y no te hagas compañero
de esta mujer que de loca

trueca y yerra los senderos,
porque todo lo ha olvidado,
menos un valle y un pueblo.

El valle lo mientan Elqui
y Montegrande mi dueño.
Aunque lo dejé me tumba
en lo que llaman el pecho,
aunque ya no lleve nombre
ni dé sombra caminando,
no me oigan pasar las huertas
ni me adivinen los pueblos.
¿Cómo me habían de ver
los que duermen en sus cerros
el sueño maravilloso
que me han contado mis muertos?
Yo he de llegar a dormir
pronto de mi sueño mismo
que está doblado de paz,
mucha paz y mucho olvido,
allá donde yo vivía,
donde río y monte hicieron
mi palabra y mi silencio
y Coyote ni Coyota
hielos ni hieles, me dieron.

DESIERTO

Vamos a hacer por la ruta
un pacto de compañeros
porque ya vamos entrando
al país del desconsuelo,
a la costra que pardea,
al pobre Abuelo Desierto.

El Dios de los pastos verdes
que hizo los huertos tacneños,
nos dio por su voluntad
la pelambre del Desierto;
y esta calavera monda
y este crepitar de fuego
fueron también mi heredad,
y yo no me los reniego.

Desiertos viví y morí:
me los tuve y me los tengo
y de ser fiel, todavía
su salada arena muerdo.

No mires, que no, la arena
y el cascajo, corto y terco.
A ver si te duermes hasta
que aparezca un arroyuelo,
siseo de aguas, rebrillos
de aguas vivas yo no veo.

Parece que a cada paso
nos tomara su mano ardiendo.
Parece que es él no más
y su compadrazgo, el viento.
Parece que te engañase
con burla, conseja o cuento,
pero el Desierto se llama

dentera, castañeteo,
la garganta ensalmuerada
y todo tactos de fuego.

Tasca tu lengua por agua;
solo el agua es tu deseo
y abajándote a la arena
te sollama este brasero.
Si divisase quebradas
te bajaría corriendo.
Lo que yo te doy de niebla
y de corto aliento fresco,
es el vaho de mí misma,
es lo que llevo de cuerpo.

La tierra nada te da,
pestañudo con miedo
Déjate cargar, llevar,
aupado, mi pequeñuelo.
No corcovees, no rompas
el poco bulto que llevo;
no te revuelques así,
traveseador, rapazuelo,
mira que empolvas de más
cejas y pelambre y cuello.
Sosiega de una vez, cierra
los ojos, llama tu sueño.

EL NIÑO INDIO

De entre picos y linternas
viene un bultito trigueño.
La bandada de los niños
medio cabritos y medio terneros
se lleva al niño de arrastre
silbando al «Mambrú» del cuento.
Y mi sarmiento de cepa
mi huesudo compañero
que comió no más que molle
y rastrojos de sarmientos
trazas toma y airecillo
de campeón y reyezuelo.

Yo miro y no quiero ver
palpo y entender no quiero
la carne que bailan
las piernezuelas de vuelo.
Voy a entrever a ese niño
hasta con los ojos ciegos
y ellos me van a abrasar
oración, habla y alientos.
Baila el indio huesos duros
con mis mestizos de deshechos.
Ríe para que ellos rían,
salta, vocea a los cielos.

Solo ellos lindos son
sobre tierras sin consuelo.
Yo palmoteo la ronda,
y agito mis brazos ebrios.

Las madres al umbral rezan
Aves, Aves y Padrenuestros
porque otro día se va
y ellos...

VIENTO NORTE

—El viento Norte viene
levantándose, ladino,
y aunque es más viejo que Abraham,
así comienza de fino,
y si no se apura el paso,
ya nos coge el torbellino
y somos, dentro del Loco,
un frenético, un zarcillo,
un volantín con que juega
hasta que cae vencido
y se devuelve a sus antros,
también él roto y vencido.

—Mamá, pero te has trepado
a donde el viento es indino.

—Porque yo me envicié en él
como quien se envicia en vino,
trepando por los faldeos,
siguiéndolo por el grito.
Yo no era más, era sólo
su antojo y su manojillo
y a mí me gustaba ser
su jugarreta sin tino
y en donde estoy; todavía
le llamo, a voces, «mi niño»…
¿Sabes a qué baja el Loco?
Baja a cumplir su destino.

—Él no sabe nada, mamá,
y hace, no más, desatinos.
Zamarreaba nuestra casa
como si fuese un bandido.
Ninguno entonces dormía
y era como el Anti-Cristo.

—Te tiras al suelo como
si pasase el Diablo mismo,
¡ay, mi zonzo novelero!
Tapa tus orejas hasta
que cruce mi Loco suelto,
pero déjalo que a mí
me cante en Loco divino.
Porque, sábelo, nosotros
poetas de él aprendimos
el grito rasgado, el llanto.

MONTAÑAS MÍAS

En montañas me crié
con tres docenas alzadas.
Parece que nunca, nunca,
aunque me escuche la marcha,
las perdí, ni cuando es día
ni cuando es noche estrellada,
y aunque me vea en las fuentes
la cabellera nevada,
no las dejé ni me dejaron
como a hija trascordada.

Y aunque me digan el mote
de ausente y de renegada,
me las tuve y me las tengo
todavía, todavía,
y me sigue su mirada
y ellas como que mecían
y como que me guardaban.

—Oye, ¿y no te daban miedo?

—No. Yo les decía «mamas».
Había una mama azul,
otra como amoratada.

A los cuerpos y a las almas
y sin mecida nos mece
como los brazos de la aya
y después del medio día
fuerte de esencia voleada,
viene una tarde de treinta
montañas amoratadas
y llega una noche
que por densa y consumada
libera el alma, la toma
y en lo Eterno la amamanta.

ATACAMA

En arribando a Coquimbo
se acaba el Padre-desierto,
queda atrás como el dolor
que nos mordió mucho tiempo,
queda con nuestros hermanos
que en prueba lo recibieron
y que después ya lo amaron
como ama sin ver el ciego.

El sol ya coció su piel
y olvidaron verdes huertos
como la mujer que olvida
amor feliz por infiernos
o el penitente que tumba.

No vuelvan atrás los ojos
pero guarden el recuerdo
de los que doblados tapan
sal parecida al infierno,
la hallan y la regustan
en el yantar, en el dejo,
y son como ella los hizo
de los pies a los cabellos,
y la terca sal los guarda
íntegros hasta de muertos.

¡Qué dura tiene la índole
sal sin ola y devaneo,
pero qué noble los guardas
enteros después de muertos!

Vamos dejando el cascajo
y las arenas de fuego,
y vamos dando la cara

a olores que trae el viento
como que, apuntando el agua,
vuelva nuestro ángel devuelto.

CUANDO VOY AL VALLE DE ELQUI

Cuando voy al Valle de Elqui
por riscales y pastos blandos,
paro, escucho y me incorporo
donde están ellas danzando.

¿A qué sigo yo viniendo
y por peñas arribando
si ellas no me reconocen
talla y rostro con que vengo?

Cuando el día va subiendo,
yo me voy burla-burlando
uva de plantel volviendo.
Pasan, pasan vendimiando
y me exprimen no entendiendo,
y al lagar me van llevando
sin saber que así me entrego
y a sus casas voy entrando,
pero no me ven, de ciegos.
Quedo entonces esperando
el que estén todas durmiendo.
A su sueño voy bajando
y me tienen y las tengo
y otra vez en despertando
todas dicen que no vengo.

A lo largo de la noche,
sueños doy a los muy ciegos
pero siguen canturreando
el refrán de que no llego.

¿A qué sigo yo viniendo
y por peñas arribando,
si me sigo y sigo oyendo

en verano y en invierno
el cantar de que no vengo?
Cuando suene el Día Grande
y ellas vayan ascendiendo
en un abra ya estaremos
alabando y comprendiendo.

MI ALDEA

Cuando va subiendo el día
como por gracia prometida,
aunque no suba del Ande,
él sube de Montegrande
y cuando cae a la tarde
y bosques y campos arden,
otra vez él va cayendo
a la aldea que me dieron.

Nunca le falté, olvidada,
a la cita que me daba
y que me da todavía
en rutas de extranjería.

¿A qué decir y contar
que lo troqué por el mar,
si al despertar me lo tengo
y es de allá de donde vengo?

Yo no sé cuándo es el día
de dejar mares y ríos
y devolverme a mi dueño
para dormir aquel sueño
que tuve y perdí y anhelo
más que mares y que cielos.

Aguárdame, Montegrande,
padre mío, hijo del Ande,
en sueños te mando un grito
y marcho, y ya voy llegando…

TORDOS

A estas horas y lo mismo
que cuando yo era chiquilla
y me hablaban de tú a tú
el higueral y la viña,
están cantando embriagados
de la estación más bendita
los tordos de Montegrande
y cantan a otra Lucila...

Pero con que yo me calle
como el monte o la beguina,
el cantar del embriagado
me alcanza a la extranjería,
porque no me cuesta, no,
recobrar canción perdida.

Siguen cantando los tordos
en la higuera preferida
y yo dejo de escuchar
la marea que me oía
y les respondo la gracia
con el ritmo, porque sigan...

Cantan y embrujan la rama
que ya va cobrando vida
y por seguir su balada
no respondo a lo que grita
y en este escuchar se va
la siesta y se acaba el día.

Yo me tengo lo perdido
y voy llevando mi infancia
como una flor preferida
que me perfuma la mano.

Y la madre va conmigo
sol a sol y día a día,
va con rostro y va sin llanto
cantándome los caminos.

No me lloren, no me busquen
en cementerio perdido,
ni cuando cae la nieve
ni travesea el granizo.
Vendré olvidada o amada,
tal como Dios me hizo,
como una fruta cogida
que vuelve dulce la marcha
y me inventa compañía.
Mi madre va, va conmigo
ni olvidada ni rendida.

JARDINES

—Mamá, tienes la porfía
de esquivar todas las casas
y de entrarte por las huertas
a hurgar como una hortelana.
¿No sabes tú que tienen dueño
y te pondrá mala cara?
A huertos ajenos entras
como Pedro por su casa.

—A unos enseñé a leer,
otros son mis ahijados
y todos por estos pastos
vivimos como hermanados,
y las santiaguinas sólo
me ven escandalizadas
y gritan —¡Válgame Dios!
o me echan perros de caza.
Pero pasaré de noche
por no verlas ni turbarlas.
¡Qué buenos que son los pobres
para ofrecer sopa y casa!

LA MALVA FINA

—En la huerta de Mercedes,
que da su olor desde lejos,
lo que su dueña más quiere
y mima es la malva fina.
No la ves sino abajándote,
es persona escabullida,
¡para qué se ha de mostrar
si a tres palos se adivina,
y la brisa más delgada
su nombre susurra y mima
y su aliento dice y dice
malva fina, malva fina!

—Ya, ya, pero si la cojo,
también tú por ella gritas.

—Tómala, pero en poquito.
A ella la hicieron esquiva
y cuando la manosean,
se duele como una niña.

—¡Un solo gajito, uno!

—¡Cómo huele la bendita!

—¿Por qué, mamá, tú no tienes
ni un jardín, ni una matita
y eres errante y caminas,
así, con manos vacías?

—Menos averigua Dios
que me crió peregrina.
No vas a olvidar andando
esta parada, esta cita
que tuviste en el camino

con yuyos y malvas finas.
Cuando sea que sosiegues,
cansado de polvo y vía,
y de esta mujer-fantasma
que se venía y se iba,
van a llegarte oleadas
de juncos y malva fina.
Yo sólo vendré si acaso
me cuentan que aún caminas,
porque como no me dejan
colarme por las masías,
sólo volverás a verme
si con un grito me obligas.
¡Yo estaré a tu lado como
la perdiz que en casas crían
y, aunque ni me oigas ni veas,
oye que bajo a la cita!

—¡Qué cosas dices, qué cosas!
¡Ay, es cierto, y te vas yendo
y sigues y sigues, sí,
ya… apenas si te veo!
¡Pero te vas alejando
ay, mamá, te vas perdiendo!
Un poquito todavía…
Ibas conmigo, sí, ibas
y yo sólo te seguía.
Será cierto que no eras
como la gente decía.
Ya no te veo, ya va
tragándote la neblina,
tal como se fue la mamá.
Devuélvete, no me dejes.
Nada quedó, niebla indina
y unas mujeres que gritan:
¡Era cierto, sí, era cierto!
Y me van llevando ahora
y gritan que yo las siga.
Pero, ¿por dónde ella va?
Y si no es, ¿por qué camina?
Me llevan para sus casas

oscuras como las minas
y no la voy a ver más,
¡igual que a la madre mía!
¿O era ella? —Sí, era ella,
gritan éstas. —¡Qué mentira!

DESPEDIDA

Ya me voy porque me llama
un silbo que es de mi Dueño,
llama con una inefable
punzada de rayo recto:
dulce-agudo es el llamado
que al partir le conocemos.

Yo bajé para salvar
a mi niño atacameño
y por andarme la Gea
que me crió contra el pecho
y acordarme, volteándola,
su trinidad de elementos.
Sentí el aire, palpé el agua
y la Tierra. Y ya regreso.

El ciervo y el viento van
a llevarte como arrieros,
como flechas apuntadas,
rápido, íntegro, ileso,
indiecito de Atacama,
más sabes que el blanco ciego,
y hasta dormido te llevan
tus pies de quechua andariego
el Espíritu del aire,
el del metal, el del viento,
la Tierra Mama, el pedrisco,
el duende de los viñedos,
la viuda de las cañadas
y la amistad de los muertos.
Te ayudé a saltar las zanjas
y a esquivar hondones hueros.

Ya me llama el que es mi Dueño…

HABER ANDADO LA TIERRA

LA TIERRA

Mucho caminé a la Tierra,
bien no la he querido.
Todavía y con cabellos
blancos la camino.
Camínala tú también,
tú, el mozo, tú, el niño.

Me habría embrujado la Gea
rebosante de caminos.
Cuando fue el dormir
o el cortarle el trigo
o el regarle mentas
de olor habrá sido.
Rostro tenía de madre,
silencio, no grito.

Sus ojos verdes me dio,
sus silencios vivos,
el dormir con el soñar
y el Ángel de Olvido.
La camino todavía
y no me he rendido.

¿Quién es, quién, el que camina
como ingrato hijo aturdido
sin devolver la mirada
a la callada que lo hizo?

Qué silencio de humillada,
qué amor dolorido,
qué larga y mansa mirada
de amor nunca dicho.

¿Por qué tan parda su saya,
por qué embebecida

a qué sin voz y sin eco
muda y ofendida?

¿Cuándo fueron sus muñecas,
sus mejillas vivas
y que su dicha de amar
y de ser querida?

Cuéntalo así rostro a rostro,
cuéntalo a tu hijo.

Cuando te siembro o te riego
doblada como hija
¿por qué te das con mirada
pero enmudecida?

HE ANDADO LA TIERRA

He andado la Tierra, la Tierra,
talvez la andaré todavía.
Vine a verla o a encontrarla
y de andarla no estoy cansada.

Tenía que palparla toda
con las raíces de mis pies
y los brotes de mis hombros
que mandaron a caminarla.

Ah, tierras de higuera y viña,
el olor áspero de esa leche
y el de las uvas restregadas.
En mi alma hay leche de mi madre.
Entre mis dedos gotean leches de higueras.

Una higuera me cubre siempre,
matriarca y encenizada.
A veces parece ella sola,
a veces ella soy yo misma
media íntegra y desgarrada,
llena de ímpetu y de derrota.

Ay, me acuerdo de tan pocos rostros.
Mas me acuerdo de sierras y costas.

Me acuerdo en cuanto estoy sola
de esa tierra y de las otras,
de costa pura y salvaje
que me tapaba con líquenes
y me dejó esta empapadura
de agua amarga y de conchaperlas.
Junto los ojos, apuño el alma
y veo las dos mil islas.

No me duelen los pies errantes,
yodos y gomas los curtieron.
Son más fuertes que toda mi alma
estos pies largos y delgados
de india muda trotadora
que han seguido el alma mía
sin gemir ni devolverse
blancos, heroicos y mansos.

Les dejo mis pies a los niños
que les cuenten mis viajes.
Cuenten todo lo que saben
y los hagan dormir con sueños.

No pasé río sin bendecirlo
y no lo pasé por los vados.
Tomada el agua de mis dedos
se me hizo aliada, me miró
y nunca más quiso ahogarme.

Todos los ríos no saben lo mismo,
el más helado es el más santo
y el que no me echó su espuma,
me dejó el gesto más turbado.
El cielo será como un río,
pasará por mí eternamente,
me lavará siglos y siglos.

No te he olvidado, hombre de barca,
que pasabas a todas las gentes,
y al que pagaban con fruto,
con tabaco o brazada de cañas.

Me besaste al ponerme en la barca
y mi padre te sonreía.
Hombros duros, habla perdida,
la barca luciendo de peces
y él callado como Jesucristo.

Qué me dirías solo mirándome
que yo todavía te veo
y que aun navego en tu barco!

Lleguemos al fin, lleguemos,
que si esto es morir, blanda es la muerte.

NOTA A LA EDICIÓN

La presente antología reúne poemas publicados por Gabriela Mistral en vida y otros aparecidos póstumamente. De *Ternura* (1924) no se incluyeron poemas. Las versiones que se utilizaron de *Desolación* (1922), *Tala* (1938) y *Lagar* (1954) son las incluidas en *Poesías completas* (Editorial Andrés Bello, Santiago, 2001, edición de Jaime Quezada). De los libros póstumos, las ediciones consideradas fueron las siguientes: *Lagar II* (Ediciones de la Dirección de Bibliotecas, Archivos y Museos, Santiago, 1991), *Almácigo* (Ediciones Universidad Católica, Santiago, 2008, edición de Luis Vargas Saavedra) y *Poema de Chile* (La Pollera Ediciones, Santiago, 2015, edición y prólogo de Diego del Pozo). Se incluyó un poema del libro *Manuscritos. Poesía inédita* (Garceta Ediciones, Santiago, 2017, recopilación de Lorena Garrido Donoso). Para la revisión final se consideró la *Poesía reunida. Mi culpa fue la palabra* (Lom Ediciones, Santiago, 2015, edición y prólogo de Verónica Zondek).

No se incluyeron las notas al pie que ocasionalmente la autora o los editores incorporaron en algunas ediciones para aclarar o contextualizar ciertas referencias. Las secciones y los poemas no están ordenados de manera cronológica ni por libros, sino dispuestos en secciones articuladas según el criterio de la antologadora. La procedencia de los poemas se indica en las páginas siguientes.

PROCEDENCIA DE LOS POEMAS

De *Desolación*

La mujer estéril
Poema del hijo
La espera inútil
El ruego
Los sonetos de la muerte
Ceras eternas
Interrogaciones
Paisajes de la Patagonia
El Ixtlazihuatl

De *Tala*

Todas íbamos a ser reinas
Canción de las muchachas muertas
La fuga
Lápida filial
Nocturno del descendimiento
Cosas
Pan
País de la ausencia
La extranjera
Dos himnos
Mar Caribe
El fantasma

De *Lagar*

La otra
Marta y María
La dichosa
La que camina
La fervorosa

La huella
La desvelada
La humillada
La ansiosa
La abandonada
La que camina
Aniversario
Madre mía
Luto
Puertas
Despedida
Adiós
La desasida
Palmas de Cuba
Una palabra
El regreso

De *Lagar II*

La contadora
La trocada
La cabelluda
Nocturno VIII
Raíces
Balada de mi nombre
La remembranza
Hace sesenta años
Vine de oscura patria
El viento oscuro

De *Almácigo*

Nosotras
Marías II

ÍNDICE

INÚTILES ESPERAS

RUEGO POR AMORES DIFUNTOS

DUELOS NOCTURNOS

II. ERRANCIAS TERRENALES

ADIOSES

NOSTALGIA NATAL

OTROS MARES, OTROS MONTES

RETORNO RENEGADO

LA PATRIA ESPECTRAL

HABER ANDADO LA TIERRA